聞き書
ふるさとの家庭料理 1
すし　なれずし

農文協 編
【解説】奥村彪生

農文協

はしがき

生まれ、育った土地、ふるさと。人はだれもふるさとをもっています。

そこで食べるふだんの食事、盆、正月、祭りの食事は、それぞれがふるさとの味です。ふるさとの味はその土地土地、家々で〈家庭料理〉として伝えられてきました。いたるところにふるさとの家庭料理があります。

南北三〇〇〇キロに及ぶ日本列島では、食べものがじつに多様です。北の北海道と南の九州・沖縄で異なるのはもちろん、同じ県内でも山寄りの地域と海寄りの地域、農村と都市によって異なります。つくる材料だけでなく、つくり方から食べる時期、食べ方なども異なっています。それゆえふるさとの家庭料理は、それぞれの土地の個性、暮らしのスタイルを表現した味なのです。

このシリーズは、全国三五〇余地点で、大正末から昭和初期に家庭の〝おさんどん〟を担った方々から聞き書きし、その料理を再現していただいたものです。それらの食べものを、すし、もち、鍋ものといった料理別と、朝ごはん、お弁当、正月料理といったテーマ別に編成しました。これによって日本列島に伝承されてきたふるさとの味を通覧することができます。

本シリーズはまた、料理を単に料理（レシピ）としてだけでなく、〈食事《たべごと》〉の世界として描きました。季節の移ろいや巡りくる行事、食材。子どもの成長と家族の安寧を願う主婦の思い。それらを食卓に反映し、あるいは活かす、〈暮らしの営みとしての家庭料理〉を再現しています。

そんな〈ふるさとの家庭料理〉を、日常の食事づくりや晴れの日の食べものづくりのヒントとして活用していただければうれしく存じます。

本巻では、日本列島に伝承されてきたすし、なれずしを収めました。

一口にすしといっても、のり巻きやいなりずしのように、魚を使わないものから握りずしや押しずしのように魚を使うものまでさまざまです。また、同じく魚を使うといっても生魚を使うものから塩漬け・ぬか漬けした魚を使うもの、さらには十日から数か月も漬け込み、ごはんやこうじによって乳酸発酵させたなれずしまで、これまた多様です。もちろん土地によっても季節によっても利用する魚が異なります。

日本人の大好きなすし。全国津々浦々で伝承されてきたふるさとの家庭料理『すし　なれずし』をお楽しみください。

二〇〇二年十二月

（社）農山漁村文化協会

〈凡例〉

一、聞き書きに応じて下さった方のお名前は、それぞれの料理の末尾に「話者」として掲載しております。「採録」者名は聞き書きをされた方のお名前です。

二、料理に用いられている材料名のうち「／」で区切られているものは独立した材料、「、」は「または」の意味で、併記した材料のうちから選んで用いられるものです。

三、主要材料は、巻末にその索引を掲載しました。この索引により材料から多様な料理をたどることができます。また本巻ではつくり方・かたち別索引も付しています。

四、本書は聞き書きのため料理の材料等に尺貫法を用いています。尺貫法のメートル法への換算は次のとおりです。

〈長さ〉　1寸＝3.03cm，1尺＝30.3cm，1間＝6尺

〈容量〉　1勺＝18ml，1合＝180ml，1升＝1.8l，1斗＝10升

〈重さ〉　100匁＝375g，1貫＝3.75kg

五、本シリーズは『聞き書 日本の食生活全集』（全五〇巻、農文協刊）の一部を新しい構想で再構成したものです。

すしなれずし　目次

すし

なれずし

写真撮影　千葉　寛
小倉　隆人
岩下　守
倉持　正実
装丁　石原　雅彦

すし

のり巻き、いなり、ちらしずしから握りずしや押しずしまで、ふるさとのすしを集めました。すしはことあるごとにつくられてきた日本人の大好きな食べものです（つくり方・かたち別に分類した索引が巻末にあります）。

宮城県仙台市若林区河原町

のり巻きと太巻き

材料 ［米／かんぴょう／のり／ほうれんそう／卵焼き／紅しょうが／酢／砂糖］

三月のひな祭りには、のり巻きと太巻きを重箱いっぱいにつくる。

固めに炊いたごはんをすし鉢に移し、甘めの合わせ酢をかけながら、しゃもじで切るように混ぜる。そばでもう一人がうちわであおぎながら冷ます。

この酢飯で、甘く煮たかんぴょうを入れたのり巻き、ほうれんそう、薄焼き卵の細切り、紅しょうがを巻きこんだ太巻きをつくる。切り口が見た目にも春らしく、ひな祭りにふさわしい。この日は、小西家にひな人形を見にくる人たちにふるまうので、酢飯を冷ますうちわの手が忙しい。

子どもの春秋の遠足や運動会といった学校行事があるときものり巻きで、お弁当を開けるのが楽しみである。

（話者　小西とく／採録　櫻井博子）

栃木県河内郡上河内村今里

すし

材料［米／かんぴょう／油揚げ／のり／酢／砂糖／醤油／塩］

すしは、祝いごとなど特別のときにつくる。

油揚げずしのときは、かんぴょうを油揚げと一緒に醤油と玉砂糖で煮つける。油揚げに、酢と塩を切った（混ぜた）ごはんを詰めて俵形にし、まん中をぐるぐるとかんぴょうで二巻きして端をはさむ。両端二カ所を巻く家もある。これは油揚げずしを米俵に見たて、豊作を祝うことに通じている。

のり巻きの芯には、よく煮つけたかんぴょうを三、四本使い、太巻きにする。

（話者　花塚セン／採録　高橋久美子）

いなりずし（右下）と卵巻きずし、のり巻きずし

埼玉県大里郡岡部町普済寺

いなりずし

材料［米／油揚げ／かんぴょう／酢／砂糖／醤油／塩］

白飯をふつうより少し固めに炊き、酢、砂糖、塩で合わせ酢をつくって混ぜ、酢飯をつくる。

油揚げは熱湯をかけて油抜きをし、長いほうに沿って縦長に半分に切る。袋に開いてかんぴょうとともに醤油と砂糖で甘からく味つけする。かんぴょうは短く切らないで、できるだけ長いまま煮ておく。

煮あがった油揚げに酢飯を詰め、中の酢飯が出ないように油揚げの口を閉じ、長いかんぴょうでぐるぐる巻きつけて結ぶ。

（話者　丸山タミ／採録　古田久子）

のり巻きずし

材料［米／のり／かんぴょう／ごぼう／にんじん／おぼろ／卵焼き／酢／砂糖／塩］

白飯をふつうより少し固めに炊き、酢、砂糖、塩で合わせ酢をつくって混ぜ、酢飯をつくる。

芯はかんぴょう、ごぼう、にんじん、おぼろ（紅でんぶ）、細長く切った卵焼き。かんぴょうと野菜は甘からく煮つけておく。

巻きすを用意し、のりを広げ、端を残して平らに酢飯を置く。中央に用意した具をいろどりよく並べて、手前の端を一気に向こう端の酢飯のところに合わせてすで巻く。太く巻くときは、のりをさらに半枚足して巻く。

（話者　丸山タミ／採録　古田久子）

卵巻きずし

材料［米／卵焼き／かんぴょう／ごぼう／にんじん／おぼろ／酢／砂糖／塩］

白飯をふつうより少し固めに炊き、酢、砂糖、塩で合わせ酢をつくって混ぜ、酢飯をつくる。卵巻きずしにするときは、一枚分に卵二個を溶き、砂糖と塩で味つけし、四角いのりの形の卵焼きをつくる。卵焼き器で薄焼き風に焼くが、あまり薄いとかっこう悪い。

芯はかんぴょう、ごぼう、にんじん、おぼろ（紅でんぶ）、細長く切った卵焼き。かんぴょうと野菜は甘からく煮つけておく。

巻きすを用意し、卵焼きを広げ、端を残して平らに酢飯を置く。中央に用意した具をいろどりよく並べて、手前の端を一気に向こう端の酢飯のところに合わせてすで巻く。

のり巻きずしと卵巻きずしはたいてい一緒につくる。のり巻きが太ければ、卵巻きも同じように太く巻かないとおかしい。

（話者　丸山タミ／採録　古田久子）

埼玉県川越市幸町

五目ずし

材料［米／卵焼き／油揚げ／にんじん／ごぼう／かんぴょう／しいたけ／さやえんどう／さやいんげん／みりん／酢／砂糖／醤油／塩］

お彼岸やお盆さまのお供えにはなくてはならない料理である。三月のおひなさまも五目ずしにはまぐりのお吸いものをつくってお祝いする。

炊きたてのごはんを飯台《はんだい》に広げ、酢と塩と砂糖を一緒に混ぜてちょっと火にかけて煮たものをその上にふり、酢飯をつくる。このとき、ごはんをへらで切るようにして混ぜると酢飯がべとつかない。

混ぜる具は五品。にんじん、ごぼう、かんぴょう、しいたけ、油揚げを一緒に醤油、砂糖、みりんで甘からく味をつけ、酢飯にさっくりと混ぜる。仕あがりに細く切った薄焼き卵と、さっとゆがいたいんげんやさやえんどうをのせると、いろどりがよく美しい。

（話者　宮岡チャウ／採録　宮岡明弘）

にぎりずしをつくる

〈千葉県安房郡千倉町南朝夷〉

にぎりずし

材料［米／まぐろ、かつお、たこ、さんま、あじ／卵焼き／しいたけ／おぼろ／酢／砂糖／塩］

この地方の晴れの日の代表的なごちそうである。

新鮮な魚とすし飯のとり合わせは、一年の半分くらいは暑さを感じさせるこの地では、なくてはならない料理である。各家々で母から娘へ、姑から嫁へと長い間受け継がれてきたにぎりずしには、それぞれ独特の味わいがある。

上等米一升を炊き、酢一合、砂糖茶わん一杯、塩一つかみ混ぜた合わせ酢を、飯台にあけたごはんが熱いうちにふりかけ、混ぜこむ。ふんわり、そしてつやが出るようにうちわであおぎながら、手早くごはんに合わせ酢を吸わせる。

すし飯は大きめににぎり、もち箱に並べておく。よく使うすしな（すし魚）は、まぐろ、かつお、あじ、たこ、さんまの酢じめで、ほかにしいたけ、卵焼き、おぼろもよく使う。にぎりずしをするときは、かんぴょうを芯にしたのり巻きや、いなりもつくる。

祝いごとなど客寄せには、もち箱に五つも六つもにぎっておき、客がみえしだい、すしなをのせてすすめる。

（話者　鈴木せん／採録　黒川陽子）

千葉県安房郡千倉町南朝夷

五目

材料〔米／油揚げ／にんじん／しいたけ／さやえんどう／えび／さやいんげん／酢／砂糖／塩〕

混ぜ飯ともいい、酢飯の中に、細いせん切りにして甘からく煮た具を五品ほど、いろどりよく混ぜこんだものである。

上等米一升を炊き、酢一合、砂糖茶わん一杯、塩一つかみ混ぜた合わせ酢を、飯台にあけたごはんが熱いうちにふりかけ、混ぜこむ。ふんわり、そしてつやが出るようにうちわであおぎながら、手早くごはんに合わせ酢を吸わせる。

具は、揚げ（油揚げ）、にんじん、しいたけ、桜えびなどを使い、さやえんどう、いんげんなど季節の野菜を青みに入れる。

にぎりずしほど上等ではないが、簡単な人寄せなど、ことあるごとにつくる。

（話者　鈴木せん／採録　黒川陽子）

太巻きずしづくり　切り口がきれいに見えるように、巻き方を工夫する。

千葉県長生郡長南《ちょうなん》町佐坪

太巻きずし

材料［米／のり／卵焼き／おぼろ／しいたけ／かんぴょう／酢／砂糖／塩］

祭りや節句のときには必ずすしを巻く。太巻きなので、経験が浅いとなかなかうまく巻けず、細巻きになってしまうが、年配になるとみな上手になり、模様も色とりどりである。よくできたときは、切り口を見ただけでおいしいことがわかる。

ごはんは固めに炊いて、蒸れたら半切りに移し、合わせ酢を打つ。打つときに、うちわであおぎ、ごはんの照りを出す。ごはんは、しゃもじで縦に切るようにする。

巻くのは、のりまたは卵焼きである。のりは一枚では足りないので半枚足す。卵焼きも大きく薄めに焼く。芯は、おぼろ、煮て味つけしたかんぴょうやしいたけである。

細巻きを三本とか五本とか束ね、これを芯にしてさらに太く巻いたり、具でいろどりをつけたりと、つくる人が工夫をこらして模様をつける。姑や嫁さんの腕の見せどころとなる。

このほか、にぎりをつくり、上におぼろやかんぴょう、しいたけをのせる。これは、材料が残った場合などにしている。

里帰りした娘が重箱に詰め、婚家にみやげに持って帰る。

（話者　土橋とり・土橋八十一／採録　鶴岡昭）

東京都墨田区緑

いなりずし

材料［米／油揚げ／紅しょうが／かつお節／酢／酒／砂糖／醤油／塩］

ごはんはいくらか強《こわ》めに炊き、むれてからすし用飯台に移しながら軽く塩をふり、それに生酢を手早くかけ、ごはんをおしゃもじで切るように混ぜて飯につやを出す。

油揚げは横半分に切り、指で袋を破かないように開く。かつ節でとっただし汁に醤油、砂糖を加え、かくし味に酒を落とした煮汁で煮る。あるていど煮たあと、いったん火を止める。冷めたところで、もう一度油揚げを煮ると、味がよくしみる。使うときは、つゆ気をしぼり、破かないようにふたたび注意しながら袋の口を開き、すし飯を詰める。

一人前としては、いなりずし五、六個、そして皿のわきに紅しょうがをのせてできあがりである。

春、秋の彼岸には必ずつくり、近所へ配る。

（話者　家中君／採録　大村真美）

べっこうずし（真ん中）とさばのおぼろずし（下）

東京都大島町岡田

べっこうずし

材料［米／あじ、たかべ／酢／酒／砂糖／醤油／塩］

晴れの日、行事のときなどには、すしをつくる。なかでもべっこうずしは人気がある。

素材は、生の魚ならなんでもよいが、あじ、たかべをよく使う。三枚におろして皮をむき、醤油、酒、砂糖のつけ汁の中に数時間つける。あまり長くつけると身が固くなってしまう。つけ汁の加減は甘め、辛めとそれぞれの家で違う。

つけこんだ魚を酢飯にのせてにぎる。魚が大きいときは、二つか三つにそぎ切りにしてからにぎる。

べっこうずしのほかに、魚でおぼろをつくり、おぼろずしもつくる。

（話者　時得つよ・時得帀吉／採録　時得孝良・時得捷子）

神奈川県小田原市米神

あじのにぎりずし

材料［米／あじ、ぶり、いわし／卵焼き／酢／砂糖／塩］

ひな祭りやお祭りにはすしはつきものである。酢飯をつくり、にぎりずし、のり巻き、いなりずしを盛り合わせる。

にぎりずしの上には卵焼きか、配給になったぶりなどの刺身、または酢でしめたあじやいわしをのせる。卵は一個を一枚に焼き、八、九枚に切り分けてのせる。まぐろなど買うことはあまりない。

（話者 松本チヨ／採録 枝野早苗）

五目をつくる

神奈川県川崎市多摩区菅

五目

材料［米／卵焼き／油揚げ／切干し大根／紅しょうが／にんじん／ちくわ／しいたけ／こんにゃく／かんぴょう／さやいんげん／かつお節／酢／砂糖／醤油／塩］

五目ずしのことで、彼岸やお祭りなどのほか、ふだんの晩飯にもときどきつくる。

白米一升五合を洗い、一時間くらい水を切っておく。にんじん一本、油揚げ二枚、ちくわ一本、こんにゃく一枚、切干し大根、しいたけ、かんぴょう少々をせん切りにしてかつ節（かつお節）だしで煮て、醤油、砂糖で薄味をつけておく。甘酢は酢一合に塩一つまみ、砂糖を適宜入れてつくる。

釜に一升八合くらいの水を入れて米を炊き、半切りに移す。手早く甘酢をふりかけ、五分ほどおいてよく混ぜ、具もごはんに温かみがあるうちによく混ぜ合わせる。

大きめの皿に盛りつけ、薄く焼いた卵焼き、紅しょうが、青みとしてさっとゆでたさやいんげんなどをそれぞれ細く切り、ごはんの上にふりかける。黄、紅、緑色の三色が美しくいろどりを添え、食欲をそそる。

ふだんの晩飯につくるときは、上にのせるのは紅しょうがくらいで、具の種類も少なめになる。

（話者　田代タカ／採録　高橋榮治）

神奈川県三浦市南下浦町松輪

五目飯

材料［米／にんじん／のり／卵焼き／油揚げ／干ししいたけ／かんぴょう／酢／砂糖］

五目ずしのことである。

にんじんは一寸くらいの長さに切り、これをせん切りにする。干ししいたけは水にもどし、幅一分くらいの細切り、油揚げも同じように切る。かんぴょうも水にもどして五分くらいの長さに切り、これらを醤油、砂糖で煮る。

酢に砂糖をたっぷり入れて混ぜ、炊いた白い飯に混ぜる。これに煮た具を混ぜる。鉢にとり、上にのりや、薄く焼いてせんに切った卵焼きをのせたりする。

（話者　草間瑛子／採録　鈴木しげ子）

太巻き、卵巻き（左側の2列）

神奈川県平塚市小鍋島

巻きずし

材料［米／かんぴょう／おぼろ／卵焼き／のり／ほうれんそう／たくあん／きゅうり／酢／砂糖／塩］

お年始、お祭り、男の子の一五歳の祝い、婚礼などのお祝いのごちそうにつくる。

巻きずしは、かんぴょうを甘く煮たもの、おぼろ、卵焼き、ゆでたほうれんそうなどを芯にしてのりの上にすし飯を広げて巻く。のりのかわりに薄焼きの卵で巻いた卵巻きもつくる。お祭りなどの人寄せのときには、八寸のお重に入れて、来た人のおみやげにするので、巻き手が専門にいるくらいである。米一升で一〇〜一二本巻く。

また、てっぽう巻きといって、のり半分にたくあんやきゅうり、かんぴょうなどを一種類入れた細巻きもつくる。お重に入れると、太巻きより本数がたくさんいるので、みやげにはせず、皿に盛って膳の一品にする。

すし飯は甘いほうがおいしいし、おみやげにするのに固くならなくてよいので、米一升に、酢はごはん茶わんに一杯、砂糖はごはん茶わんに山一杯、塩は指の先にかるくひとつかみくらい入れる。

（話者　秋山正夫・秋山幸子／採録　相澤喬子）

にぎりずし（右側。上の一つはいなりずし）

神奈川県平塚市小鍋島

にぎりずし

材料［米／卵焼き／しいたけ／凍みこんにゃく／いわし／酢／砂糖／塩］

お年始、お祭り、男の子の一五歳の祝い、婚礼などのお祝いのごちそうにつくる。

すし飯は甘いほうがおいしいし、おみやげにするのに固くならなくてよいので、米一升に、酢はごはん茶わんに一杯、砂糖はごはん茶わんに山一杯、塩は指の先にかるくひとつかみくらい入れる。

にぎりずしは、巻きずしをつくるときにたいてい一緒につくる。甘からく煮たしいたけや、卵焼き、凍みこんにゃく（こんにゃくを薄く切って凍らせて乾燥したもの）の煮たもの、いわしの酢じめなどをのせる。

凍みこんは煮ると味がよくしみ、歯ざわりがしきしきしておいしい。にぎりずし用の大きさに切ったもの一〇枚を一束として、竹の皮で裂いたものでくくって売っている。

（話者　秋山正夫・秋山幸子／採録　相澤喬子）

神奈川県足柄上郡山北町中川

にぎりずし

材料［米／干ししいたけ／凍み豆腐／油揚げ／酢／酒／砂糖／醤油／塩］

うるち米一升を入念にとぎ、あればもち米を一にぎり入れ、同量もしくは五分（一割の半分）増しの水に酒を少し加えて炊く。炊きあがったごはんを木鉢に広げ、砂糖、塩を入れた酢を一合弱ふりかけてさくさくと混ぜ合わせ、少し冷めてから一口大ににぎり、具をのせる。

上にのせる具はしいたけ、凍み豆腐、油揚げなどを用意する。干ししいたけは一昼夜水に浸し、凍み豆腐は水洗いしてぬるま湯でもどす。それぞれだしをきかせてほんの少しの砂糖を入れて煮、醤油はあとで少なめに入れる。

（話者　佐藤いち・佐藤貴雄／採録　小沢道子）

新潟県西頸城郡能生《のう》町筒石

笹ずし

材料［米／大根の味噌漬／にんじん／ぜんまい／しいたけ／くるみ／笹の葉／酢／酒／砂糖］

一名わらじずしといい、何かというとすぐつくられる親しみ深いすしである。

米はふつうよりやや強めに炊き、酢、酒、砂糖の合わせ酢を混ぜておく。具は、細く切ったにんじんとしいたけ、ぜんまいを味つけして煮ふくめておき、大根の味噌漬、くるみは油で炒めるなど下ごしらえをしておく。

次に、笹の表はつるつるすべるので裏側を使い、すし飯を茶わん半杯分くらい薄くはりつけ、その上に具をいろどりよくのせる。この笹ずしを一枚分ずつ四、五段重ね、軽い重石をして二時間おいてから食べる。

笹ずしは、能生では祭りや祝いごとに必ずつくり、家庭の主婦の腕比べになる。山菜、煮もの、干ものなど保存のきくものを具とし、笹の葉にのせてつくる、きわめて素朴な押しずしである。そのうえ、いたみにくく、笹の香りがよいなど、万人に好まれる。このこつは、ごはんの量と具の煮方にあって、姑から嫁に、嫁から娘にと伝授される。

（話者　塚田しの／採録　渋谷歌子）

新潟県西頸城郡能生町筒石

押しずし

材料［米／しいたけ／梅じそ／ひじき／卵焼き／大根の味噌漬／塩鮭／にんじん／ちくわ／黒ごま／かんぴょう／あみのつくだ煮／笹の葉／酢／砂糖／塩］

頸城平野の平場農村で、おもに春の田植えのこびる（間食）のために用意するものである。

具は五目と称し、しいたけ、ひじき、にんじん、ちくわ、かんぴょうを塩と砂糖で味つけしておく。そのほか、梅じそ、大根の味噌漬、黒ごま、塩鮭の酢漬（塩鮭を一晩酢につけてほぐす）、あみのつくだ煮、厚焼き卵を用意する。

つくり方は、すし箱の内側を酢でしめらせ、底に笹を敷き、すし飯を平らにならして五目をのせ、笹をおく。二段目はすし飯と卵焼き、三段目はすし飯と五目、四段目はすし飯と梅じそ、五段目はすし飯と五目、六段目はすし飯とあみのつくだ煮、七段目はすし飯と五目、八段目はすし飯と酢漬の鮭というように段を重ね、各段の間に笹の葉を表を上にして敷く。

最上段に笹をかぶせて押しぶたをし、石臼を重石にして一時間くらいねかせてから、箱からとり出し、手づくりの刃渡り七寸六分の鋼の包丁ですっきりと切り、皿に盛って出す。また、お盆にもつくってお客に振舞うことも多い。

（話者　塚田しの／採録　渋谷歌子）

おせずしは大きく切ってもてなす

（富山県魚津市諏訪町）

おせずし

材料［米／さば、つばいそ、ふくらぎ、にぎす、かます／海草／のり／酢／酒／砂糖／塩］

春祭りやたてもん祭り（豊漁と安全を祈る漁師の祭り）などの行事食、晴れ食としてよくつくる。

固めのごはんを炊き、酢、砂糖、塩、市販の酒を合わせて、蒸らしたごはんに混ぜる。

さばは素焼きにして身をほぐし、酢、塩、酒、砂糖を混ぜた汁に漬けておく。

すし桶の内側に合わせ酢をふり、底板の上にすしごはんをのせて平たくならした上に、さばの身を薄く一面に広げる。この上にすしごはんをのせて、軽く手のひらで押し、たかさご（海草を赤や青に着色して乾燥させたもの）を一面にのせて一段目を終える。その上に板を置き、再びすしごはん、魚、すしごはんと重ね、今度はのりをのせる。三段目は一段目と同様にする。

最後に押しぶたをして重石をのせて一晩おき、一段ごとに幅二寸くらい、長さ二寸五分くらいの大きさに切って、のりをはった一段をたかさごをのせた一段の上にのせて器に盛る。めでたいときや祝い膳のときは、この二つ分の大きさに

すしごはんの上にたかさごをのせる

したり、四つ分の大きさに切ったりすることもある。
おせずしには、さばのほかに、つばいそ（ぶりの幼魚）、ふくらぎ（つばいそより大きいぶりの幼魚）、みぎす（にぎす）、かますなど、そのときにとれた魚も使う。しかし、さばが一番おいしい。

（話者　川岸きよ／採録　宇田秋子）

富山県富山市水橋金尾新

のり巻きずし

材料［米／のり／里芋干し茎／ほうれんそう／紅しょうが／かぶ／酢／砂糖／醤油／塩］

春と秋のお祭り、学校の運動会には必ずのり巻きずしをつくる。すしの芯には、干しずいきを水でもどして、醤油と砂糖で甘からく煮つけたものや、ほうれんそう、かぶらの葉などの青菜をゆでたもの、紅しょうがのせん切りにしたものを組み合わせて使う。

米五合に五勺ていどの合わせ酢（酢五勺、砂糖四つまみ、塩二つまみ）で酢飯をつくり、浅草のりを一枚広げてのせ、下準備しておいた芯を並べて手前からくるくると巻いて仕あげ、全部巻き終わったら、一本を六等分に輪切りにする。

子どもたちの好物なので、話者の中市家では二升のごはんを炊いて二〇本ものすしを巻く。子どもは、その切り端をもらうのを楽しみに集まってくる。

（話者　中市みね・中市伝次／採録　藤塚由紀子）

（石川県加賀市柴山）

つばきずし

材料［米／塩くじら／椿の葉／海草／酢／砂糖／塩］

話者の住む柴山（現加賀市内）は屋敷まわりが狭いため、ほかの集落のように柿の木を植えられず、すしには神社の境内にたくさんあるつばきの葉が使われる。このつばきずしは秋祭りにだけつくられ、祭りの前日ともなると神社は葉をとりにきた人々でにぎわう。

つくり方はまず、塩くじらの皮ひところ（一〇〇匁）を酢に入れ、塩気を抜いておく。米二升を固めに炊いて、酢、砂糖、塩を入れて冷ます。塩くじらの皮は七分角くらいに切る。きれいにふいたつばきの葉の上ににぎったすし飯をのせ、その上にくじらの皮と藻（海草）をのせ、四角のすし箱の中に並べ、ふたをして重石を加えて押しずしにする。

（話者　坂本ヒナ／採録　清水隆久・中池節子）

石川県松任市坊丸町《まっとう》

押しずし

材料［米／はらん、笹の葉／しいら、さば／ひじき／干しえび／酢／塩］

秋祭りにつきものなのは押しずしである。秋のとり入れが終わってからすぐの晴れの日であるから、特別に吟味した新米を使って、すし飯をつくる。かあか（一家の主婦）は、今年の収穫の喜びと、みんなにおいしい新米を食べてほしいとの願いをこめて米をとぐ。昨日までの古米の水加減とまちがえないよう、少なめにする。

近海でとれたさば、しいらのとくに新鮮なものを選び、三枚におろし、塩をたっぷりふって半日おく。これを酢に漬け、皮をはぎ、一口くらいの大きさに薄くそぐ。

少し固めに炊いたままに、酢、塩を手早くふりかけ、木しゃもじで混ぜ合わせる。早く冷めるように、うちわであおぐ。すし飯がみるみるうちに光ってくる。

笹やばらん（はらん）の葉に魚を置き、一にぎりぐらいに丸めたすし飯を平たくのせ、その上にひじきと干しえびを飾り、順々にすし桶に並べていく。すし桶は、せいろの木枠を利用する。この木枠一杯で、ちょうど米二升分の押しずしができる。お客が多いときは、すし桶に二杯も三杯もつくる。

押しずしのできあがり

一晩味をなじませたすしをとり出す。できばえが気になる一瞬である。

桶にいっぱいになったらふたをして重石をし、一晩味をなじませる。一晩たって、すしの味ぐあいを案じつつ大皿に一切れずつ盛りつけるのは、心楽しく、はなやいだ祭り気分を盛りたててくれる。

すしの一切れ一切れに使われる笹の葉は、祭りが近くなったころ、農作業の合い間をぬって、近くの山あたりからとってくる。一枚一枚ていねいに洗い、干してからすしを包む。笹の葉がなければ、背戸のばらんの葉を同様にして使う。

（話者 吉本操／採録 中島康雄・吉田恵子）

福井県坂井郡坂井町木部東

ますずし

材料 ［米／塩ます／あかめがしわの葉／紅しょうが／酢／砂糖／塩］

ますずしをつくる

(1) すしわくにあかめがしわの葉を敷く。
(2) すし飯の4分の1を入れてならし、四すみをしっかり押さえる。
(3) ますの切身と紅しょうがを並べ、葉を織り込んで板をのせる。これをくり返して4段にする。重石をのせ、半日から1晩おく。
(4) ますずしのできあがり。

九月上旬の秋祭りのごちそうである。たいていの家には、昔から米一升五合が押せるすしわくがあり、これを使ってますずしをつくる。嫁いだ娘たちも楽しみにして帰ってくる。

ますずしには、あかめがしわの葉を使う。どこの家の屋敷にも、一本はあかめがしわの木が植えてある。あかめの葉はよく洗ってふいておく。塩ます一ぴきは三枚におろし、皮をむき、小骨を抜いて薄くそぎ切りにし、二杯酢に漬ける。生ぐさみをきらう人は、一晩前から漬けておく。

米一升五合を炊き、すし飯をつくる。すしわくに葉を並べ、冷えたすし飯の四分の一を平均に広げ、四すみをしっかり押さえる。酢につけたますを間隔をきめて並べ、紅しょうがものせる。葉を折りこみ、上にも葉を置き、板をのせる。このようにして四段積み、板と重石をのせる。半日から一晩石臼をのせて押しておく。

よく押せたら一枚ずつはがし、葉のまま間隔どおりに切り、皿に盛り、葉をとりながら食べる。

（話者　田中美子／採録　五十嵐智子）

長野県飯山市富倉

笹ずし

材料［米／もち米／たけのこ／ぜんまい／こごみ（くさそてつ）しいたけ／大根の味噌漬／くるみ／熊笹／酢／塩］

笹ずしは熊笹のとれる晩春から秋までの行事のとき、ことに盆や祭り、子どもの運動会などのときにはどの家でもよくつくる。家によってはすし箱（長さ一尺、幅と深さが五寸ほどの木箱）でつくるが、大塚きくゐさんの家では、豆腐が一五丁つくれる大型のものを使う。箱の底板に穴があいていて仕切りがついているものを使うと豆腐がつくれ、平らな板にかえるとすし箱になる。

白いうるち米にもち米を一割ほど入れて四升釜いっぱいに飯を炊く。酢酸（濃い酢のこと）を茶わん七分目ほど用意し、塩をさかずきに二杯ほど入れて合わせ、釜からこね鉢に移しとった飯にふりかけて混ぜ、すし飯をつくる。

具の材料は、たけのこや乾燥して保存してあるぜんまい、こごみ、しいたけに、味噌漬の大根と鬼くるみである。水にもどした山菜は長さ三分ほどに切り、味噌漬の大根もそれに合わせてきざみ、一緒に煮る。味噌漬の大根から出る塩気でちょうどよい味になる。火から下ろしてから、薄切りにきざんだ鬼くるみを混ぜると、すしの具ができあがる。

すし箱を酢水でよくふいて、箱の底一面に、洗って水気をふいた熊笹をひく。その上にすし飯を五分ほどの厚みに平らに広げ、その上に具を全体にばらまく。この上にまた熊笹を一面にひき、飯、具、笹の葉の順に四、五段ほど積み重ねて、箱いっぱいになったところで、一番上を笹で全面覆い、その上に石臼を重石として置く。半日もするとできあがる。いただくときに適当に切り分ける。

また、手間はかかるが、笹の葉一枚ごとにすし飯を一にぎり平らにのせて、その上に具を散らすという形のものを何段か積み重ねて押しをすることもある。この押しずしのほうが、切り分けて食べる押しずしより食べやすい。

（話者　上野マツエ／採録　伊藤　徳）

岐阜県可児郡御嵩《みたけ》町古屋敷

押しずし

材料［米／あさりのしぐれ煮／川魚のつくだ煮／鯛のでんぶ／塩さばの酢漬／ばしょうの葉／酢／砂糖／塩］

祭りに必ずつくるものに、押しずしがある。押しずしの具には、伊勢から行商人が持ってきた魚やでんぷん（でんぶ）などをふんだんに使う。

木箱（木枠）の一つ一つの底にばしょうの葉を敷き、すし飯をのせる。箱のすみまでよくゆきわたるように、手で押さえる。その上に、しぐれのつくだ煮（あさりのしぐれ煮）、たいでんぷん、川魚のつくだ煮、塩さばの酢漬などをのせ、木ぶたをして押す。この木箱を五段くらい重ね、外枠にはめて押さえて一晩おく。食べるとき、適当な大きさに切る。

このすしは、三日間くらいは日もちする。

（話者　伊佐治すゞよ／採録　堀口よね子）

巻きずし（上）と揚げずし、箱ずし

岐阜県海津郡海津町萱野

巻きずし

材料［米、もち米／のり／かんぴょう、里芋干し茎／きゅうり、たくぁん、うなぎ、ほうれんそう、にんじん、しいたけ、卵焼き／酢／砂糖／塩］

すし飯には米のみを使う。盆や祭りなどの花形料理で、正月につくる人は少ない。また、仏事では魚を使ったものはつくらない。

すし用のごはんは少し固めに炊く。一割ほどもち米を混ぜてもよい。合わせ酢は、米一升に対して砂糖と酢が茶わん一杯、塩が少々である。

すしをつくるときは行事前夜からとりかかり、たくさんつくってすし箱に入れておく。どのすしも一晩おいたほうが味がなれてよくなる。

巻きずしは、切ったときに具が中心にくるように巻くのはむずかしく、ごはんの盛り方などに微妙なこつがある。

芯にするのはかんぴょうが多いが、代用として里芋の茎もよく使う。きゅうりやたくあんを巻いたものは歯ごたえがあっておいしい。魚とりのうまい人は、うなぎの長焼きを細く切って芯に入れる。

ゆでたほうれんそうやにんじん、しいたけの甘煮、卵焼きを入れたものもあるが、これは大垣や高須の店で売っている太巻きずしをまねたものである。
（話者　伊藤はりゑ／採録　日比野光敏）

揚げずし

材料［米、もち米／油揚げ／酢／砂糖／醤油／塩］

すし用のごはんは少し固めに炊く。一割ほどもち米を混ぜてもよい。合わせ酢は、米一升に対して砂糖と酢が茶わん一杯、塩が少々である。

油揚げは近所の豆腐屋から買ったものを横に切って使う。これを手で中割りして袋状にし、熱湯をあてて油抜きしたのち、醤油と砂糖で煮つける。砂糖をたくさん入れると子ども好みの味になり、揚げの表面にもつやが出るが、大人のなかには味がくどいという人もある。落としぶたをすると味のしみこみが早い。

煮汁が切れたら、揚げの大きさに合わせて軽くにぎっておいたすし飯を詰める。揚げの袋を裏返すと白っぽい色になり、盛りつけのときに変化がつく。

（話者　伊藤はりゑ／採録　日比野光敏）

箱ずしつくり　はえの煮つけをすしの子にし、葉らんでふたをする。

岐阜県海津郡海津町萱野

箱ずし

材料［米、もち米／ふな／えび／しじみ／れんこん／しいたけ／さやえんどう／でんぶ／紅しょうが／はらん／酢／砂糖／醤油／塩］

すし用のごはんは少し固めに炊く。合わせ酢は、米一升に対して砂糖と酢が茶わん一杯、塩が少々である。

すし箱は五段重ねで、これらにまとめて押しがかかるような仕掛けになっている。この道具のことも「箱ずし」「すし箱」という。一つの箱には約二合のごはんが入る。すし飯の多いほうがぜいたくなすしである。箱の中に葉らんを敷き、ごはんが底板や上ぶたにくっつかないようにする。ふつうはうるち米だけであるが、少しもち米を混ぜるとごはんにねばりが出て、くずれにくいすしができる。

すしの子（具）は、醤油と砂糖で甘からく煮たはえや小ぶな、小えび、しじみ、れんこん、しいたけ、さやえんどう、でんぶなどである。とりたてて決まっているわけではないので、あるものを利用すればよい。細かな魚はいちいち腹（内臓）を出さないのでほろ苦いが、この苦みがいやな人はごはんの酢加減を強くしたり、紅しょうがをつけ合わせたりする。

（話者　伊藤はりゑ／採録　日比野光敏）

頭をとったさかなずし　たいてい、左のようにごはんを上にして盛りつける。

岐阜県海津郡海津町萱野

さかなずし

材料［米／あじ／はらん／酢／砂糖／塩］

すし用のごはんは少し固めに炊く。合わせ酢は、米一升に対して砂糖と酢が茶わん一杯、塩が少々である。

すしには、生の魚はあまり使わないが、あじは使うことがある。これをさかなずしと呼ぶ。

あじは頭がついたまま背開きにし、えらや目玉をとって一昼夜塩につけておく。これをしばらく酢にひたしてから、腹にすし飯を詰める。頭の部分に生しょうがを少々入れるとくさみが少なくなる。

つくり方は、箱ずしのばあいと同じである。あじの腹にすし飯を詰め、箱の中に葉らんを敷き、ごはんが底板や上ぶたにくっつかないようにする。すし箱を重ねて押しをかけ、一晩ほど置く。

ふつうの箱ずしは八つに切って皿に盛るが、このさかなずしだけは、あじの大きさにしたがって四つか五つに切る。

（話者　伊藤はりゑ／採録　日比野光敏）

静岡県御殿場市山の尻

箱ずし

材料［米／卵／にんじん／しいたけ／ごぼう／かつお節／酢／砂糖／醤油／塩］

田植えが終わると苗を持ち帰り、荒神さま（かまどを守る神さま）に供え、ごちそうをつくって早乙女さんをもてなす。

ごはんはふつうに炊き、木鉢に移す。三升の米に酢三合と砂糖を飯茶わんに山もり二杯、それに塩を少し入れてよく溶かし、ごはんが熱いうちにかけて味つけする。五分くらいおいてから、ごはんを広げながらうちわであおぎ、冷ましてごはんのつやを出す。

すし箱にすし飯を九分目くらいまで入れ、その上にいろどりよくたねを飾りつける。

煎り卵、しいたけ、ささがきごぼう、にんじんなどの煮しめ、けずり節を砂糖と醤油で煮たおぼろなど、それぞれの家で工夫してのせる。

（話者　梶ふゆ／採録　中田鈴子）

こもで巻くのり巻き　3合の米でのり巻き1本分。岩のりは、ふつうののりを3枚横につないだ大きさ。

静岡県賀茂郡松崎町雲見

のり巻き

材料［米／岩のり／にんじん／うずわ節／砂糖／醤油／塩］

のり巻き一本当たり三合の米を塩を少し入れて炊く。

岩のりは、ふつうののりを三枚横につないだ大きさのものである。これを青くなるまで十分に火にあぶる。具は、にんじんをせん切りにして醤油、砂糖とうずわ節（そうだがつおのかつお節）のだしで煮る。煮汁は残す。

かやで編んだこも（幅二尺、縦一尺）の上に、あぶった岩のりを置き、醤油を手につけて、手水のようにのりの上にまく。ごはんをのせて軽く押しながら、のり全体に平均にのばす。にんじんの煮つけをごはんの上に散らし、煮汁も散らしてから、こもで片側を持ち上げ、持ち上げた側が内側に巻きこまれるようにして巻く。上から力を入れてしめ直し、形が三角になるように形づくる。再びにんじんの煮汁を全体につけ、包丁にも煮汁をつけながら、一寸前後の厚さに切る。

これは酢を使わないのり巻きで、正月、四月節句、屋根がえのふるまいなどにつくる。岩のりは十二月ころからとれるが、香りのある春までがこののり巻きの食べごろである。

（話者　高崎きく／採録　蒔田和子）

愛知県名古屋市中区丸の内

ばらずし

材料　［米／れんこん／のり／卵焼き／紅しょうが／でんぶ／干ししいたけ／さやえんどう／かんぴょう／いか／あなご／酢／ざらめ／たまり／塩］

家ですしをいただくのは、晴れの日や行事のときである。東照宮（尾張藩にゆかりの深い徳川家康・義直・慶勝がまつられている）の春の祭りにはばらずしをつくる。具は、かんぴょう、きぼし（干ししいたけ）、れんこん、めじろ（あなご）、いか、錦糸卵、でんぶ、さやえんどう、のり、紅しょうがの細切りと、多種にいろどりよくそろえる。

かんぴょう、きぼしは水につけてもどし、幅一分、長さ三分の細切りにして、それぞれたまりとざらめで甘からく煮つけておく。れんこんは細いものを買い求め、皮をむいて薄い小口切りとする。これを酢水につけてあくを出し、酢とざらめ、ほんの少しの水で煮る。いかはたっぷりの湯に塩を少し入れてさっとゆでる。めじろはたまりとざらめで煮つけてから細切りにする。さやえんどうはゆでて斜めの小口切りにしておく。でんぶはできあがったものを話者の家の近くの八百屋「八百清」で買う。

炊いたごはんをすし桶に移し、あらかじめ甘めに合わせておいた酢を、しゃもじで切るように混ぜる。うちわであおい

でなるべく早く冷ましたら、かんぴょう、きぼしを混ぜこむ。これを皿に盛り、その上にほかの具をいろどりよく飾る。最後にでんぶ、のり、紅しょうがを飾って仕あげる。

（話者　八木郁子／採録　小野淳子）

箱ずしのいろいろ　上のすし箱：結婚式のすし。れんこん、かまぼこ、もろこ、角麩／左のすし箱：祭りのすし。れんこん、にんじん、あさり、はえ、角麩／右のすし箱：祭りのすし。れんこん、にんじん、あさり、角麩。

愛知県海部郡立田村小茂井上

箱ずし

材料　［米／にんじん／れんこん／卵焼き／麩／しょうが／しじみ／もろこ／ふな／干ししいたけ／はらん／酢／酒／砂糖／たまり／塩］

何ぞごと（行事や祝い事）のときに最も多くつくられるすしで、どの家でも木のすし箱（幅五寸、長さ七寸、深さ一寸五分くらい）を備えている。

上にのせるすしのこ（種）は、にんじん、れんこん、角麩、干ししいたけ、近くの川でとれるしじみ、もろこ、はえ（ふなの幼魚）、それに卵などをおもに使う。野菜は飾りやすい大きさに切って、砂糖、たまりで甘からく煮る。しじみは砂出しをしてたっぷりの湯でゆでる。少し時間を長くゆでると殻と身が離れる。それをしぐれ煮にする。川魚は、生きている新鮮な小さいものを、しょうがのせん切りと一緒に砂糖、たまり、酒で甘露炊きにする。卵は焼いてせん切りにする。

すし箱の枠の底にひとつば（はらん）の葉を敷いてすし飯を詰め、その上にすしのこをいろどりよく並べる。さらにひとつばをのせ、木ぶたをして五箱くらい積んで押しをかける。半日から一日くらい押しをしておき、食べやすい大きさに切って盛り分ける。

（話者　橋本よ志乃／採録　今枝満子）

愛知県海部郡立田村小茂井上

あじずし

材料［米／もち米／あじ／しょうが／しょうがの葉／酢／酒／砂糖／塩］

開いて塩漬けした小あじを買ってきて、ひれをとり、目玉を抜き、ひたひたにかぶるくらい酢を入れ、一昼夜かけて塩抜きをする。甘酢をつくり味をととのえ、塩抜きしたあじを一晩漬けてざるに上げる。

もち米を一割くらい混ぜて炊いたすし飯をてごろな大きさににぎり、みじん切りのしょうがをすし飯とあじの間にはさみながら、あじでくるむようにしてかぶせる。すし箱（一尺四方ぐらいの大きさ）にしょうがの葉を敷き、にぎったすしを、あじとあじが背中合わせになるよう二列に並べる。二列で二〇個ぐらい並ぶ。木ぶたをかぶせて重石をして三日か四日くらい味をなじませる。かびが生えるくらいまでおいて食べることもある。

酒好きの人はこのすしに酒をつけながら食べる。秋祭りによくつくる。

（話者　橋本よ志乃／採録　今枝満子）

愛知県安城市新田町

箱ずし

材料［米／白身魚／卵焼き／にんじん／でんぶ／かまぼこ／しいたけ／さばの缶詰／えび／あなご／はらん／酢／砂糖／塩］

すしごはんは、ふつうより少しこわめ（固め）に一釜二升で炊く。米二升に対して酢が二合、砂糖が茶わんに山盛り二杯、塩が小さなさかずき一杯を目安に、酢と砂糖と塩を混ぜ合わせて合わせ酢をつくる。すしはんぼ（すし桶）にごはんを移しながら、合わせ酢を打ちこむ。全部かけてよく混ぜ合わせ、ぼた（山）にして少し蒸らしてから散らして、うちわであおって冷ますとつやが出る。

すしごはんを使って、ちらしずし、箱ずしのほか、のり巻きずしや油揚げずし、にぎりずしをつくる。

箱ずしは、五段まで重ねられる箱ずし専用の木箱を使う。ごはんが箱にくっつかないように、ぬれぶきんで箱の内まわりをふいておく。

箱の底にはらんを敷き、そこにすしごはんを詰める。さらにその上に、すしの子（具）を斜めにいろどりよく並べる。

すしの子は、何種類か用意しておく。かまぼこは薄切りにし、さばの水煮缶詰は身をほぐして砂糖と塩で炒り煮する。あなご、しいたけは、それぞれ甘からく煮つけておく。薄焼

あなご、薄焼き卵、しいたけ、かまぼこ、さばの身をすしごはんの上にのせ、押しぶたをする

き卵は五、六分の幅に切る。そのほか、小えび、にんじんの煮しめ、店で買ってきた桜の花のような色のついたでんぶ、白身魚のくずし身などを使う。

すしの子をすしごはんの上に並べると、その上にはらんを敷き、押しぶたをして箱を重ねる。木枠の上部につめをさし、押しをきかせる。一時間ほどしてから、すしの子が上になるようにとり出して、ごはんがくっつかないように包丁を水でぬらして四角に切る。

秋祭りや祝いごとには欠かせない、いろどり豊かなすしである。

（話者　大見林・大見志ず／採録　浅野友子）

はえずし

（愛知県稲沢市下津片町）

材料［米／もち米／はや／しょうが／はらん／酢／砂糖／醤油／塩］

川ばえ（はや）は四月ころから十月ころまで近くの川でとれるので、この間に祝いごとがあるときよくつくる。

はえ二五〇匁くらいを水洗いし、ざるにあげる。醤油一合ぐらいに砂糖七五匁、しょうがのみじん切りを適量入れて煮たてる。そこへはえを少し入れると煮たちがいったんおさまるので、再び煮たつまで待ち、はえをまた少し入れる。これをくり返して煮汁がなくなるまで煮つめる。こうするとはえが固く煮あがり、くずれにくくなる。

すし飯はもち米を一割ぐらい混ぜて三升炊き、合わせ酢を手早く混ぜる。

すし箱（横一尺二寸、縦八寸、深さ一寸ぐらい）にはらんを敷き、すし飯を詰め、はえをきれいに並べ、はらんをのせてふたをする。このすし箱を三段重ねてしめ木の間に入れて押しをし、味をなじませる。

食べるときは、すし箱を裏返して縦五等分、横三等分の一五個に切り分け、はえを押してあるほうを上にして出す。

（話者　大野志づ子／採録　村手登美子）

愛知県北設楽郡津具村東長手

ちらしずし

材料［米／油揚げ／にんじん／ごぼう／干ししいたけ／酢］

旧暦八月十四、十五日の八幡さまのお祭りのごちそうで、にんじん、ごぼう、湯をかけて油を抜いた揚げを細く切り、甘からく煮て具をつくる。

ごはんを炊いてはんぼ（飯びつ）に移し、酢をふりかけて冷ましながら具を混ぜる。

裏の山に行ったとき、ちょうどいい時期に伐った雑木に、しいたけを見つけることがある。とってきて大事に干しておき、ちらしの具に使うこともある。

（話者　三城シゲヨ／採録　伊藤壽子）

三重県鈴鹿市稲生町塩屋

押しずし

材料〔米／このしろ、さば、いわし／そぼろ／しぐれ／はらん／酢／砂糖／醤油／塩〕

祝いのときにいろいろなすしをつくるが、一番たくさんつくるのは押しずしである。どこの家でも木のすし箱を持っていて、これを使う。

つくり方は、まずわくの底にばらん（はらん）の葉を敷き、すし飯をにぎり入れて、すし種をのせる。さらにばらんの葉をのせ、木ぶたをして押しをかける。すし飯をにぎらずにまんべんなく押し入れ、あとで食べやすい形に切る家もある。

押しずしの種は、春はこのしろ、いわし、秋にはいわし、さばなどを酢漬にしたもの、そぼろ、しぐれなどをおもに使う。

いわしの押しずしをつくるときは、四、五日前から下準備にとりかかる。魚屋さんにいわしを一〇〇ぴき単位で注文しておき、食べる前日にとろ箱で仕入れる。いわしは頭と腹をとって手で開き、塩をたっぷりして魚をしめた後、酢に漬けておく。塩が十分してないと酢に漬けても十分芯まで漬からない。こんないわしの酢漬を押しずしにして食べると、あたってえらい目にあうことがある。

すし箱（左）でつくる押しずし
すし種は、いわし（中）としぐれ。

魚のほかには白身魚をほぐして甘く味つけし、ぽろぽろに炒りつけてほぐしたそぼろや、しぐれなどを使うことが多い。三角揚げを砂糖と醤油で甘く炊いておき、四角にまん中を切り開いて、すし種に使うこともある。

（話者　樋口ゑい／採録　真弓多喜代）

三重県南牟婁郡紀和町平谷

さんまずし

材料〔米／さんま／だいだい／酢／砂糖／塩〕

十月ころから十二月にかけて、熊野灘沖でとれるさんまは、ほどよい脂がのっている（抜けている）ことと、新鮮であることから、姿ずしをよくつくる。

正月、祭礼、婚礼などの祝いごとの行事には欠かせないものとなっている。高菜ずしが日常の労働食の主役なら、さんまずしは晴れ食の王さまである。

さんまは、頭をつけたまま背開きにする。できあがったとき、尾がぴんと立っているように、尾の部分は五分ほど切らずに残す。腹わた、えらをとり除き、きれいに洗い、さらに血抜きをするため一時間ほど水につけ、その後水切りし、指先で塩を身のほうにまぶし、二、三日おく。

茶わんに五杯ほどの水に、塩を三本の指でつまんだ量を加えて塩水をつくり、この塩水に三〇分ほどつけ、塩抜きし、骨をとり除いて水気を切る。これを五勺くらいの酢で酢洗いし、さんまを曲げないで入る大きさの桶に並べ、さんま一〇ぴきに対してだいだい汁五勺、酢五勺、砂糖二五匁、塩小さじ一杯を混ぜたつけ液を加え、二、三時間つける。

さんま一〇ぴきに対して米五合を炊き、すし飯にしてさんまの大きさににぎり、さんまをのせ、巻き簀で巻いて形をととのえる。できあがったら、適当に切って盛りつける。

（話者　谷口じつゑ／採録　西村謙二）

（三重県南牟婁郡紀和町平谷）

こぶ巻きずし

材料［米／こんぶ／にんじん／ごぼう／かんぴょう／かつお節／酢／砂糖／塩］

正月や祝いごとに「よろこぶ」の「こぶ」にちなんで、この地方ではこぶ巻きずしをよくつくる。さんまずしと一緒につくることが多い。

平こんぶ（白板こんぶ）をくるくると巻いて、沸騰したかつお節のだし汁に入れ、五分間中火で煮て薄く塩味をつけ、弱火で十分に煮る。爪でおさえて切れるくらいのやわらかさになればよい。ぬれふきんの上にこんぶを広げ、すし飯をのせ、かんぴょう、にんじん、ごぼうを芯にして、のり巻きの要領で巻く。

一〇本分として米五合、平こんぶ（のりぐらいの大きさ）一〇枚を使う。

（話者　谷口じつゑ／採録　西村謙二）

滋賀県神崎郡五《ご》個荘《かしょう》町川並

五目ずし

材料［米／かんぴょう／にんじん／しいたけ／ごぼう／たくあん／酢／砂糖／塩］

祭りや人よびのときにつくるごちそうで、「ばらずし」ともいう。具には、かんぴょう、しいたけ、ごぼう、にんじん、たくあんを細かくきざんで使う。ごぼうはあくが強いので、煮る前に十分酢水に浸し、あく出しをしてから、かんぴょう、にんじんと煮る。酢飯に煮た材料とたくあんを混ぜる。

ごぼうやたくあんが入るというのは、このあたりでも珍しいつくり方である。

（話者　塚本とも／採録　森真由美）

滋賀県神崎郡五個荘《ごかしょう》町川並

巻きずし

材料［米／卵焼き／のり／しいたけ／かんぴょう／みつば／紅しょうが／酢／砂糖／塩］

人よびや祭り、春の彼岸のときなどにつくる。

巻きずしは、卵焼き、かんぴょう、しいたけなどを芯にするが、卵は貴重品である。話者の塚本家では鶏を一〇羽飼っているが、大勢のお客さまがみえるので、とてもそれぐらいの鶏では卵が足りない。そのため、ふだんはおじいさん、おばあさんの口に入れるくらいにしておき、なるべく来客用にとっておく。その貴重な卵も、晴れの日の巻きずしには、一本に対して一個と奮発する。

その他のかやくは、一本に対して、かんぴょう七すじ、しいたけ一枚を使う。また青みは、みつばが香りがよくよいとされている。のりは北海道の小樽の店から送られてきたり、取引先からいただいたものを使う。

巻きあがり一本を一〇切れくらいに切り、紅しょうがを細切りしたものをつけて食べる。

（話者　塚本とも／採録　森真由美）

滋賀県東浅井郡びわ町下八木

ますの早ずし

材料［米／びわます、塩鮭、塩ます／紅しょうが／黒ごま／酢／砂糖／塩］

湖北地方の神事「おこない」には必ずつくるもので、湖北でとれたばかりのびわますの活魚を使ってつくる。

びわますは三枚におろし、薄く刺身にして甘酢につける。白飯で酢飯をつくる。紅鉢（径一尺くらいの陶器のこね鉢）などに下から順に、酢飯、びわます、せん切りにした紅しょうが、黒ごまと重ねてゆき、その上に酢飯を置いてやや押さえ、また同じことをくり返し、三段重ねくらいにする。数時間重石をしておく。しゃもじを型とすしの間に立てて入れ、混ぜないようにとり出し、皿に盛る。

びわますのかわりに塩鮭、塩ますを使うこともある。簡単に早く食べられることからお祝いごとによくつくる。

（話者　弓削ササエ／採録　鵜飼由美子）

滋賀県東浅井郡びわ町下八木

鮭ずし

材料［米、麦／塩鮭／黒ごま／えんどう／しょうが／酢／砂糖］

鮭ずしは、簡単で見た目もよいので、日常食や行事食によくつくる。

塩鮭は、薄く切って甘酢につけておく。ふだんには麦飯を、行事のときは白いごはんを炊いて甘酢につけた鮭を混ぜる。上から黒ごま、塩ゆでのえんどう豆、白しょうが（しょうがの甘酢漬）のせん切りをかける。

（話者　弓削ササエ／採録　鶴鵜由美子）

滋賀県高島郡朽木村宮前坊

ちらしずし

材料〔米／かんぴょう／わらび／ふき／にんじん／かまぼこ／卵焼き／紅しょうが／ちりめんじゃこ／干ししいたけ／さやえんどう／酢／砂糖／醤油／塩〕

祭りやものごと（行事）につくる。

洗ったかんぴょうを塩でもんできざみ、にんじん、ふき、わらび、かまぼこと一緒に薄味で煮る。干ししいたけはもどして砂糖、醤油で濃い味で煮て、細切りにする。米一升に対して、酢、砂糖をそれぞれ湯飲み茶わんに一杯ずつと酢の一割の塩を合わせ、ちりめんじゃこを入れて飯に混ぜ合わせる。少し冷めてから具を合わす。

すし鉢に盛り、錦糸卵、紅しょうが、しいたけなどをいろどりよく散らす。青えんどうがあると、いっそう美しく仕あがる。

（話者　田中歌子・田中幸夫／採録　高橋静子）

京都府加佐郡大江町蓼原

すずめずし

材料［米／いわし／紅しょうが／酢／砂糖／塩］

六月になると、港のある宮津から魚屋がいわしを売りにくる。春蚕の上蔟《じょうぞく》（蚕が繭《まゆ》をつくるために蔟《まぶし》にのぼること）が終わったころである。主婦はこの日を待ちわびている。戸ごとに、どさりどさりといわしの入ったとろ箱が下ろされる。春蚕の疲れがとれないうちに、主婦は手ぎわよくこのいわしの処理をしなければならない。

すずめずしのつくり方は、まず、すし飯を炊く。白飯である。いわしの頭とはらわたをとり、開いて骨を抜く。このとき、尾びれがちぎれないように気をつけて残す。次に甘酢につけて身をしめる。開いたいわしの大きさに合わせてすし飯をにぎり、いわしをのせる。

ぴかっと光った色合い、ぴんとはねあがったしっぽ。これこそすずめずしである。紅しょうがをかみながら食べる。

思いがけない、予定外の農休日のこの日は、あすからの農作業にもりもりと意欲のわきでる一日である。

（話者　桐村ノブエ／採録　古牧弥生）

京都府熊野郡久美浜町布袋野

おぼろずし

材料 ［米／かんぴょう／油揚げ／紅しょうが／かまぼこ／じゃこ／さばの缶詰／さばのおぼろ／酢／砂糖／醤油／塩］

まず、かんぴょう二〇匁を洗って塩でもみ、さっとゆがいて細かにきざむ。油揚げ一枚、かまぼこ一個も適当に切る。水二合でじゃこだしをとり、油揚げ、かんぴょうを入れ、醤油と砂糖で煮る。九分どおり煮えたら、かまぼこを入れてさっと火を通す。

次に、さばの缶詰をはしで細かくほぐし、砂糖少々を入れてよく混ぜながら弱火で気長に、ぱらぱらとほぐれるまで煮る。

ごはんが炊けたらざるにとり、砂糖、塩とあわせた酢をふりかけながら、うちわであおいで冷やす。そこへ具を入れてよく混ぜ合わせる。皿に盛り、上にさばのおぼろと細く切った紅しょうがを散らす。

（話者　川戸なか／採録　田中孝子）

京都府与謝郡伊根町亀島

いわしずし

材料［米／いわし／凍み豆腐／ごぼう／かんぴょう／酢／砂糖／塩］

いわしは頭、内臓をとり、手で腹開きにする。骨、皮をのけ、薄塩をしてしばらく休ませておく。三〇分ほどたったら水洗いをし、水気をよく切る。そして、生酢の中に一時間ほど浸す。

白米飯を少し固めに炊き、米一升に対して、酢と砂糖を飯茶わん一杯、塩をさかずき一杯の割合にしたもので酢を合わせる。すし飯の中にいわしを大きいまま混ぜる。酢飯と混ぜると、いわしの身は細かく砕ける。いわしのほかに、かんぴょう、高野豆腐、ごんぼを、水くさく（薄味に）炊いて、いわしと一緒に混ぜることもある。

いわしずしは、春の節句によくつくるごちそうである。

（話者　亀井はる／採録　倉ぬい子）

ばらずしをつくる

大阪府大阪市港区田中

ばらずし

材料〔米／かんぴょう／たけのこ／干ししいたけ／凍み豆腐／にんじん／ふき／ちりめんじゃこ／すだれ麩／卵焼き／紅しょうが／さやえんどう／みつば／酢／砂糖／塩〕

ひな祭り、誕生日、遠足など、なにか楽しい行事があるときは、ばらずし、巻きずしが登場する。おすしをつくる母親のそばで、ごはんを冷やすうちわ係、巻きずしの端っこを食べるお味見係は、子どもたちの楽しい仕事だ。

ばらずしの具はかんぴょう、たけのこ、干ししいたけ、高野豆腐、にんじん、ふき、ちりめんじゃこ、すだれ麩。ちりめんじゃこは洗ってすし飯の合わせ酢につけておく。あとの具は全部一緒に細かくきざんで少し甘めに炊いて、煮汁を切っておく。

炊いたごはんを半切りに移し、うちわであおぎながら、しゃもじで切るように合わせ酢を混ぜる。具を入れてお皿に盛り分け、上から錦糸卵と紅しょうが、ゆでてせん切りにしたきぬさや、あるいはゆでて結んだみつばを飾る。

お吸いものは、春ははまぐりの潮汁。ほかの季節は豆腐や麩のお澄ましを添える。

（話者　山田文代／採録　上村元子）

大阪府豊能郡豊能《とよの》町切畑

さばずし

材料［米／砂糖／塩／塩さば／竹の皮／酢］

秋祭りにはさばずしがつきものである。前もって魚屋に必要な塩さばを頼んでおき、七、八尾は買い求める。

塩さばを三枚におろし一晩酢につけた後、皮をはぐ。

米を洗い、やや少なめの水加減でごはんを炊く。米一升に、酢一合、砂糖五勺、塩二・五勺の割合で調味する。さばずしには砂糖を使わない家も多い。

酢で手をしめらせ、つくる本数分にすし飯をにぎっておく。まないたの上に身のほうが上になるようにさばを置き、ふきんで酢をぬぐいとり、その上ににぎったすし飯を置く。竹の皮にきっちり包んで三カ所ほどくくっておく。できたさばずしをすし箱にきっちりと並べて、軽い重石をする。前の日につくっておくと、祭りの日にはよく味がなじんでおいしい。

年寄りたちは、塩さばの頭と尾をつけて三枚におろし、頭の中にもごはんをしっかり詰めて、尾頭つきのさばの姿ずしをつくるが、だんだん少なくなってきている。

（話者　東浦ノブエ／採録　大河内滋子）

押しずしつくり

大阪府豊能郡豊能町切畑

押しずし

材料〔米／卵焼き／紅しょうが／でんぶ、かつお節／さやいんげん／酢／砂糖／塩〕

薄焼き卵の小指の先くらいの角切り、ゆでたあほまめ（三度豆。いんげん）の薄切り、紅しょうがのみじん切り、でんぶ（既製品）またはけずりかつおを醤油でしとらせ（湿らせ）たものを用意する。松竹梅の型枠を酢水でぬらし、型すり切りにすし飯を入れる。その上に四種類の具を色よく置き、上から型押しで押し、型を抜く。

冬から春にかけての行事や晴れの日には巻きずしをつくるが、夏は押しずしにする。

（話者　東浦ノブエ／採録　大河内滋子）

大阪府岸和田市下野町

いわしのにぎりずし

材料［米／いわし／しょうが／酢／砂糖／塩］

大阪湾はいわしの宝庫である。煮干し用のかたくちいわしと、菜（おかず）用のまいわしがとれる。すし用はひらご（まいわしの小さいもの）でつくる。農家や町の人も、「手々かむいわしやでー」の振り売りが来ると、その日は、いわしのにぎりずしをつくる。

いわしの頭を手でちぎり、手開きにして骨をとる。塩水できれいに洗い、酢と砂糖の合わせ酢に半日ほどつける。すしごはんを軽くにぎって、にんに（にぎり飯）にし、その上に酢につけたいわしをしっぽが見えるようにのせて食べる。

酢の入らないただの白飯にのせて食べる場合もある。生ぐさみを消すために、おろししょうがをはさむ家もある。

（話者 小藤チヱ子・小藤宇一郎／採録 小藤政子）

兵庫県明石市林

巻きずし

材料［米／のり／卵焼き／凍み豆腐／にんじん／こんぶ／かんぴょう／いりこ／いかなご／酢／砂糖／醤油／塩］

毘沙門祭り（一月三日の宝蔵寺の祭り）、春の浦祭り、節句、盆、秋祭りなどの行事には必ず巻きずしをつくる。

すし飯は、だしこぶを一切れ入れ、水を控えて少し固めに炊く。米一升に対し、酢一合、砂糖一合、塩一つまみを合わせた合わせ酢を熱いごはんに混ぜ、かき混ぜながら冷ます。

春にはふるせ（いかなごの一年もの）の焼いたものを、かんぴょう、高野豆腐、にんじんなどを芯にして巻く。かんぴょうは塩もみしてもどし、いりこのだしで砂糖、濃口醤油を入れて色よく煮る。高野豆腐とにんじんは、醤油の色がつかないように薄めに煮る。

節句には、香りがよく色のきれいな青のりで巻く。盆や秋祭りはふるせがないので、卵焼きを芯にする。

（話者　泉あい／採録　谷本留美）

いわしずしつくり

兵庫県明石市林

いわしずし

材料 ［米／いわし／しょうが／酢／砂糖／塩］

活きのよいいわしを使うのがこつである。頭をとり、腹を開いて骨を指でとり除き、薄く塩をする。酢に砂糖を同量と土しょうがのせん切りを加えた中にいわしをつける。翌朝、すし飯を小さな俵形に丸めていわしをのせてにぎる。大皿に盛りつけ、秋祭りの男衆のお昼ごはんに出す。

（話者 泉あい／採録 谷本留美）

べらずしは押しずし用の型を使ってつくる

兵庫県明石市林

べらずし

材料［米／べら／きくらげ／いりこ／酢／砂糖／醤油／塩］

べらを焼いて身をほぐす。なべに、ほぐしたべらと砂糖、醤油を入れて炒り煮にして、でんぶをつくる。

押しずし用の型にすし飯を詰め、上にべらのでんぶをのせて上から押さえ、しばらくおいて押しずしをつくる。まん中にきくらげを入れることもある。きくらげは水でもどし、いりこのだし汁で甘からく炊いて、せん切りにして使う。

べらずしはおもに、住吉講（海の神さまである住吉神社のお祭り）や来客のときにつくる。

（話者　泉あい／採録　谷本留美）

兵庫県多紀郡篠山《ささやま》町奥畑

箱ずし

材料［米／卵焼き、炒り卵／塩さば／酢／砂糖／塩］

卵は錦糸卵か炒り卵にする。塩さばは塩をはたいて酢洗いし、酢でしめて生ずしにし、そぎ切りにする。箱ずしの抜き型にすし飯を詰め、その上に卵とさばを並べて木ぶたをして押す。

話者の奥山家の箱ずしの抜き型は、大工をしているおじいさん（父親）の手づくりの型で、とても大きい。祭りやお客のあるときにとり出して、箱ずしをつくる。

（話者　奥山小ぎく／採録　北村純江）

さばの姿ずし

兵庫県多紀郡篠山町奥畑

さばずし

材料〔米／塩さば／酢／砂糖／塩〕

さばずしはごっつぉで、佐々婆神社の秋祭りには、さばの姿ずしと棒ずしを必ずつくる。

姿ずしは、尾頭を残して開いた塩さばを酢でしめておいて、すし飯をはさんで形をととのえ、軽く重石をする。

棒ずしは、さばの頭と尾をとって半身にしたものを酢でしめ、すし飯の上にのせて棒状にし、竹の皮にきっちり包んで形をととのえる。これを親せきじゅうに配るのがこのへんのならわしである。

（話者　奥山小ぎく／採録　北村純江）

かき混ぜ（五目ずし）をつくる

兵庫県三原郡南淡町福良丙

かき混ぜ

材料［米／れんこん／卵焼き／凍み豆腐／紅しょうが／にんじん／たけのこ／じゃこ／あなご／しめじ／干ししいたけ／こんにゃく／酢／砂糖／醤油／塩］

野菜や魚を混ぜこんだすしで、五目ずしのことである。

米一升を水加減をややひかえて炊き、酢一合、砂糖四〇匁、塩八匁を加えてすし飯をつくる。酢と調味料は先に合わせておく。

かやくはにんじん、こんにゃく、干ししいたけ、たけのこ、高野豆腐、れんこん、しめじなどを細かく切り、砂糖と醤油でやや濃いめの味つけでやわらかく煮ておき、すし飯に混ぜる。ちりめんじゃこも混ぜる。焼きあなごを入れると味がよい。

大きな半切り（平らな桶）で混ぜてめいめいの器に盛り、上に錦糸卵、紅しょうがのせん切りなどを散らす。

（話者　坂本ふく・坂本勘蔵／採録　柏木和子）

奈良県山辺郡山添村北野

さばずし

材料［米／塩さば／わら／竹の皮／酢／砂糖／塩］

十月十五日の北野天神さんの秋祭りにはさばずしがつきもので、この日のために塩さばを買っておく。

米七合は固めに炊く。塩さば二ひきは三枚におろし、酢でしめて皮をはいでおく。

酢六勺、砂糖六勺に塩を少し入れて合わせ酢をつくり、ねばりが出ないようにごはんに混ぜ、すし飯をつくる。しめし酢をつくって手をしめし、先にすし飯を一寸五分ほどの厚みに四枚分、きつくにぎっておく。きつくにぎったすし飯の上にしめさばを置いて、長方形に形をそろえる。

これを竹の皮に包むが、竹の皮は、裏山のやぶの真竹の皮を六月に日陰干しして乾燥させ、大切に保存しておいたものを使う。竹の皮に包んだら、すぐりわらでぐるぐる固う巻く。できあがったさばずしの上に、まないたをのせて石臼の重石を置く。

半日もすると食べられるが、一日おくとすし飯にさばの味がしみてよりおいしくなる。

（話者　田和春栄・田和善郷／採録　山本清子）

奈良県宇陀郡御杖《みつえ》村神末

こねずし

材料［米／かんぴょう／ずいき／ふき／凍み豆腐／にんじん／しいたけ／しょうが／酢／砂糖／醤油］

すしは、のりがなかなか手に入らないので、のり巻きをつくるのは運動会のときくらいである。七月の祇園祭り、節句や刈りじまい、お客さんのときなどにはもっぱらこねずしをつくり、たまには箱ずしもつくる。

こねずしの具は、小さく切ったかんぴょう、ずいき、ふき、高野豆腐、にんじん、しいたけなどで、醤油味で煮てから、酢と砂糖を混ぜ合わせたごはんに混ぜる。しょうがのせん切りをいろどりに加えたりする。

（話者　竹村アイ子／採録　山本直子）

奈良県吉野郡吉野町山口

柿の葉ずし

材料［米／塩さば／柿の葉／酢／塩］

塩さばをのせたにぎりずしを柿の葉で包んで押した柿の葉ずしは、七月十日の夏祭りには欠かせないごっつぉ（ごちそう）である。柿の葉は渋柿の葉を使う。七月初旬の葉はやわらかく、大きさも手ごろである。話者の靏井《つるい》家では一度に四升ほどつくる。

塩さばは売りにきてくれる魚屋から買うが、そのままでは塩からすぎるので、水で洗って半日干し、水気を切ってから一口大に薄くすく。米四升には、塩さばがだいたい三本分必要で、米一升につき、薄くすいた一口大のさばが七〇枚くらい必要になる。

ごはんを炊き、酢と塩を合わせてすし飯をつくる。すし飯を冷まし、一升につき七〇個くらいににぎり、さばをのせ、柿の葉で包む。押し箱にきれいに並べ、間に柿の葉をはさみながら何段にも重ねて重石をする。

一晩たてば、さばのうまみと柿の葉の風味がごはんにまわっておいしい。

（話者　靏井マツエ／採録　加藤雅子）

奈良県吉野郡十津川村山天

さばずし

材料［米／塩さば／ゆず酢／塩］

結婚式につくることが多い。神納川《かんのがわ》方面ではさばずしのことをとりずしともいう。さばずしが出たら、この宴会もそろそろ終わりだという合図になる。

山天《やまてん》集落の甘酒祭りには、引出物として必ずさばずしが出される。このさばは大きいので有名である。九月の祭りが近づくと、谷川で塩のいっぱい詰まったさばを塩抜きする人たちの姿が見られる。

さばずしは、塩さば一五尾に五升くらいの米を用意する。大骨をはずして小骨もていねいにとり、水洗いしてから塩を抜く。いい加減に塩が抜けたら、ゆう酢（ゆずのしぼり汁）に漬ける。近くの山に大きいゆう（ゆず）の木があり、甘酒祭りに使う酢は、必ずこの木のゆうを使う決まりである。

米は前の晩から水につけておき、水をさしながら、やわらかめの飯を炊く。半切りに入れて、杵でねやし（まとめやすいように軽く搗きつぶし）、一五ににぎる。冷めてから大さばをのせて形をととのえる。さばずしのごはんは酢を使わないが、さばの塩の抜け加減でごはんに塩を足すこともある。

婚礼や祭りのさばずし

なれずしにはしない。

祭りが終わると各家の当主が持ち帰る大さばずしは、薄く切り分けて家族じゅうで食べる。

（話者　泉谷和子／採録　森沢史子）

奈良県吉野郡十津川村出谷

湯葉ずし

材料［米／湯葉／里芋干し茎／凍み豆腐／干ししいたけ／酢／砂糖／醤油／塩］

結婚式のときにつくる。黄、緑、赤の三色の湯葉を平谷から買ってくる。湯葉は破らないように気をつけて、さっと酢に漬ける。わり菜（八つ頭の茎の干したもの）、高野豆腐、干ししいたけを醤油で炊き、これを芯にして、のり巻きの要領で酢飯をのせた湯葉で巻く。

いろどりは鮮やかで美しいけれど、湯葉には味がないもんである。

（話者　大谷アイ／採録　森沢史子）

奈良県吉野郡十津川村出谷

さえれずし

材料［米／塩さんま／ゆず酢／砂糖］

正月には必ずさえれずし（さんまずし）をつくる。さえれずしは、熊野灘に面した新宮から伝わったものらしい。

塩で押したようなつぼ切りさえれ（背開きの塩さんま）を三〇尾ほど買って、水につけて塩抜きする。ときどき身をつまんで、塩の抜け加減をみる。塩のきつさによってかかる時間はまちまちである。いい加減になったら、ていねいに骨をとってそうじする。きれいになったさえれは水を切って、ゆう酢（ゆずのしぼり汁）につける。とった骨は焼いて食べる。

米はさえれ三尾に一合の割で炊く。ゆう酢と店で買った酢の素を薄めたものを合わせて砂糖も入れ、あつあつのごはんに混ぜる。さえれの丈に合わせてごはんをにぎり、冷めてからさえれをのせて巻き簀でしめて形をととのえる。

正月元旦の膳につける分だけ一尾の姿で、残りのさえれは片身にしたり、さらに半分に切ってにぎったごはんの上にのせて、もろぶた（浅い長方形の木箱）にしだを敷いて並べておき、正月中に食べる。

（話者　大谷アイ／採録　森沢史子）

奈良県吉野郡十津川村出谷

あゆずし

材料［米／塩漬あゆ／ゆず酢／砂糖］

秋口に釣った大きいあゆばかりを選って塩漬にしておいたものを、正月用のすしにすることもある。あゆずしも尾も頭もつけたまま、さえれずしと同じようにしてつくる。

米はふつうに炊く。ゆう酢（ゆずのしぼり汁）と店で買った酢の素を薄めたものを合わせて砂糖も入れ、あつあつのごはんに混ぜる。あゆの丈に合わせてごはんをにぎり、冷めてからあゆをのせて巻き簀でしめて形をととのえる。

（話者　大谷アイ／採録　森沢史子）

和歌山県和歌山市金谷

かきまぶり

材料［米／みつば／卵焼き／凍み豆腐／大根／紅しょうが／さやいんげん／こんにゃく／ごぼう／さやえんどう／煮干し／酢／砂糖／塩］

ちらしずしのような具をすし飯にかき混ぜたおすしである。おおつもごりの祝い膳や、お彼岸や人の寄るときにつくる。

ごはんを少し固めに炊き、すし飯をつくる。そのとき砂糖、塩を加えた酢に小さいいんなご（煮干し）をつけておき、その合わせ酢をごはんに混ぜる。

具は高野豆腐とこんにゃく、ごぼう、大根などを甘がらく、煮汁を少なめに煮あげる。煮汁もごはんに含めるようにしてすし飯に混ぜる。季節によって、さやいんげん、みつば、えんどうの塩ゆでを混ぜていろどりも添える。大きな半切りでかき混ぜ、器に盛りつけてから紅しょうがと卵の薄焼きのせん切りを飾る。

お客が何人来るかわからないような人寄せの食事は、かきまぶりとお汁と漬物でまかなう。

（話者　坂口いせの／採録　坂口サチヱ）

和歌山県和歌山市金谷

いわしずし

材料［米／いわし／はらん／酢／塩］

いわしのあるときは常にもつくるが、秋祭りには三〜五升つくる。

祭り前に、長さ二、三寸のいわしを一貫目ぐらい買って、頭とはら（はらわた）をとってから、水で洗う。腹を開いて、尾を残して骨をとる。

四角い竹のいんなごかご（煮干用のかご）に、身を上にしてきっちり並べ、塩をふる。その上にまた同様に一並べして塩をふる。半日そのままにおき、塩をしたいわしを大きな鉢に二並べ入れ、酢をふり、またいわしを二並べ入れたら酢をふる。これをくり返し、いわしが酢でひたひたになるくらいにする。酢には半日ほどつけておく。

すし飯を、いわしのすしのこ（すしだね）をつけてにぎり、ばれん（はらん）を敷いたすし桶に押していく。一通り並べたらばれんを敷き、また押していく。

ちら苦い（ちょっぴり苦い）いわしずしを、とくに好む人がある。

秋祭りにつくったいわしずしは、秋のとり入れのやつ（お

やつ）に、青かびの生えてくるころまで食べる。
　大きないわしの場合は、片身に包丁を横に入れて厚みが半分になるように開き、はね返して（ひろげて）大きくにぎり、切って食べる。

（話者　坂口いせの／採録　坂口サチヱ）

和歌山県和歌山市金谷

じゃこずし

材料［米／じゃこ／番茶／酢／砂糖／醤油／塩］

小川や田んぼの溝にまで、二寸くらいのじゃこ（はえじゃこ）がたくさんいる。じゃこは頭をつけたままで、はらだけをとり、竹串にさして焼いておく。それを麦わらでつくったつとにさして、台所の鴨居にぶらさげて乾燥させておく。このじゃこを使ってじゃこずしをつくるのが、秋祭りのごちそうである。

じゃこの竹串を抜き、熱い番茶をかけ、半日ほどつけておく。つけ汁ごと火にかけて煮あげ、砂糖と醤油を入れて甘からく煮つめる。

すし飯をにぎり、頭をつけたままのじゃこをのせてにぎる。じゃこの大きいのは開いてのせるが、くずれやすい。

じゃこの味がほろ苦く、砂糖の甘みとよく合っている。とくに酒飲みの人が好む。

（話者　坂口いせの／採録　坂口サチヱ）

和歌山県和歌山市金谷

切りずし

材料［米／しいたけ／みつば／まつたけ／さば、あじ、はまち／卵焼き／はらん／酢／砂糖／塩］

棟上げや法事など、お客のもてなしのときにつくるおすしである。青いばれん（はらん）の上に白いすし飯、その上にちらしずしのような具を一面にふって、四角に切ったおすしである。切りずし用の一升くらい入る四角いすし桶を使う。

具は、卵の薄焼きや、甘煮にしたしいたけのせん切り、さばかあじかはまちを小さく切って酢につけたもの、みつばの塩ゆでなどを用意する。

すし桶にばれんを酢でしめらして敷き、すし飯を五分ぐらいの厚さに平らにして広げ、その上に具を一面にふる。一へらおいたらばれんを敷き、押しぶたで押してなじませる。同じようにすし飯、具、ばれんとだんだんにくり返し、積み重ねる。最後に押しぶたをして、重石をしてなじませる。

食べるとき重石だけをとり、押しぶたを押して、すしわくを引き上げる。青のばれん、白いごはんと具の層ができる。四角に切ってばれんごと盛りつける。秋祭りの切りずしは、まつたけの煮つけの具がたくさん入った切りずしになる。

（話者　坂口いせの／採録　坂口サチヱ）

和歌山県和歌山市金谷

わかめずし

材料［米／干しわかめ／たくあん／酢／砂糖／塩］

春が近づくと、近くの漁村、加太のおばさんがわかめを売りにくる。加太はわかめの産地である。のりができないので、わかめをのり巻き用に平らに干してはり合わせ、のりの二倍の大きさにしてある。これですしを巻き、山登りに持っていって食べたり、おひなさんにお供えしたりする。芯にたくあんが入っていて、わかめとよく合う。

わかめを半分に切って（のり巻きの太さのすしになる）、ぬれぶきんで裏表をふいてしめらす。のりと違ってよくのびるので、しめらしてのばしておかないと、ふわふわの巻きずしになる。

半分に切ったわかめの切り口はきれいにそろっているので、それが巻き終わりにくるよう巻き簀に置き、巻きずしの要領ですし飯を置く。たくあんを二分ぐらいの太さに細長く切ったり、またはかんぴょうのように薄く平たく切って、これを巻きずしの芯にして巻く。わかめはのりより巻きやすい。わかめのつぎ目がしま模様になり、きれいな巻きずしになる。

（話者　坂口いせの／採録　坂口サチヱ）

和歌山県和歌山市田野

かき混ぜ

材料［米／にんじん／こんにゃく／凍み豆腐／油揚げ／いりこ／酢／砂糖／醤油／塩］

十一月十八日の火焚き祭り（魚の供養と漁の安全を祈願する吹上神社のお祭り）や旧三月の節句につくる。

白いごはんを炊き、米一升に対して酢一合と砂糖半斤ほどをよく混ぜ合わせておく。

高野豆腐はもどして細かく切り、こんにゃくは塩でもんでから洗ってせん切りにする。にんじん、揚げは細いせん切りにして、以上のものをいりこ（だしじゃこ）で炊く。砂糖、醤油、塩で味をつけ、煮あがったら汁気をとり、白いごはんに混ぜる。

たくさん炊いておいて、冷たくなったものを食べるのもおいしい。

（話者　土山きよ子／採録　石橋充子）

和歌山県伊都郡

柿の葉ずし

材料［米／塩さば、えび、まつたけ、川じゃこ、鳴戸かまぼこ／柿の葉／酢／酒／砂糖／醤油／塩］

紀ノ川すじの上流、伊都地方の秋祭りのごちそうである。柿の葉ずしは、渋柿のきれいに紅葉した葉に、塩さば、えび、まつたけなどのにぎりずしを包んだすしである。柿の葉は保存しておき、来客などがあるとき、柿の葉ずしをつくって出す。

紅葉したきれいな葉を、かめにそのまま入れて白い梅酢をかぶるぐらい入れ、軽い石をのせておけば、いつでも使える。きれいな紅色が残っている。

紅葉する前の青い葉を保存するときは、葉をかめに入れ、水を沸騰させて冷まし、海水よりからいくらいの塩水をつくり、柿の葉がかぶるくらい入れて、石をのせて保存しておく。

柿の葉は、雨の露のついているときや朝露のついているときはだめで、よいお天気のとき乾いているものをとってきて、そのまま漬けておく。

使うときは、葉を出して水に二、三時間つけて塩抜きし、きれいな水で洗い流す。ふきんでふいて使うか、軸を下にしてかごに並べて水切りをする。

さばの柿の葉ずしは、塩さばの骨をとって、すしのこにすいて（すし種になるよう身をそいで）、砂糖を入れた酢をかぶるくらい入れ、一時間から一時間半つけておく。

柿の葉の表にさばのすしのこをのせて、すし飯のにぎりこ（小さくにぎったもの）をのせ、葉でくるんですし桶にきっちりと並べ、重石をして一晩押しておく。酢とごはん、さばがなじんで味がよくなり、四角いおすしになる。

えびの柿の葉ずしは、海でとれるえびを乾燥した、かちえびを使う。このえびは、水につけておくとやわらかくなる。これを酒、砂糖、醤油で甘がらく、汁がなくなるように煮あげる。

柿の葉にえびの甘がら煮をのせ、すし飯のにぎりこをのせ、葉でくるんですし桶に押して一晩おく。

その他、川じゃこを素焼きにしておき、甘がらく煮たのを頭をつけて丸ごとすしのこにし、柿の葉で包む。

このほか、まつたけや、ちょまき（鳴戸かまぼこ）の煮たのもすしのこにして、柿の葉にくるんですしにする。


（採録　坂口サチヱ）

えそのこけらずしをつくる

(1) にぎったごはんを押し型に入れる。
(2) その上に、えそのこむしをのせる。
(3) 押し型のふたをして形をつくる。
(4) 型をはずしてできあがり。

和歌山県和歌山市田野

こけらずし

材料［米／えそ、ひめち／でんぶ／酢／砂糖／塩］

すしの箱にすし飯をにぎって六個並べ、上面を手で押さえてならし、えそでつくった赤いこむし（でんぶ）をまんべんなく置いてうすいたをのせ、さらに二段、こむしずしを並べる。

ひめち（小あじくらいの白身魚）を使うこけらずしは、ひめちの頭とはらわたをとって三枚におろし、塩をふり、一時間くらいおいて、砂糖を入れた酢の中につける。すし飯をにぎってすしの箱に六つ置き、ひめちを並べてうすいた（木を薄くひいたもの）を置く。これを三段くり返す。すし皿に、ひめちずしとこむしずしを一口くらいに切ったのを市松に並べる。

箱を使ってつくるすしを、こけらずしという。

（話者　土山きよ子／採録　石橋充子）

さばずしをつくる

(1) 小さいほうの押し型でつくったものを大きいほうの押し型に入れて、さらに押す。
(2) さばずしのできあがり。上は押しずしの型（大・小）。

和歌山県和歌山市田野

さばずし

材料［米／さば／うすいた／砂糖／塩］

夏祭りには、さばずしとこけらずしをつくる。

さばは頭とはらわたをとり、三枚におろし、塩をして半日おく。一口くらいにそぎ、酢五勺に砂糖大さじ二杯入れた中にしばらく浸しておく。

ごはんはよく冷まし、さばをつけた酢で味をつける。すし桶にうすいた（木を薄くひいたもの）を敷き、すし飯をにぎって六個並べ、その上にさばを置き、さらにうすいたを置き、その上にすし飯とさばをのせて三回くり返すと、三段重ねになる。

田ノ浦に住む土山さんの家では、祭りには、さば一ぴきに米一升くらいを用意する。さばは薄くそぐので、一ぴきで何枚でもとれる。

（話者　土山きよ子／採録　石橋充子）

和歌山県西牟婁郡中辺路《なかへち》町近露

湯葉ずし

材料［米／湯葉／里芋干し茎／凍み豆腐／しいたけ／紅しょうが／酢／砂糖／醤油／塩］

巻きのりのかわりに湯葉を使って巻く巻きずしで、秋祭りや正月につくる。

乾燥湯葉は、しばらく酢に浸してやわらかくする。乾燥湯葉はすぐ割れるが、やわらかくすると破れにくくなる。巻き簀の上に湯葉を広げて酢飯をのせ、芯はのり巻きと同様、砂糖と醤油で味つけした割り菜（里芋の茎の干したもの）や高野豆腐、しいたけと、いろどりに紅しょうがを入れたりする。

湯葉には味がついていないし、口あたりもよいとはいえない。のり巻きのほうがおいしい。湯葉は店で買ってくる。

（話者　山本たけ／採録　玉井満喜子）

和歌山県西牟婁郡中辺路町近露

さえらずし

材料［米／塩さんま／梅酢／酢／砂糖／塩］

秋から冬にかけて、さえら（さんま）のおいしい季節になると、晴れ食にはさえらずしをきまってつくる。

塩さえらは、頭をとって背割りして中骨をとる。祝いごとのときは頭をつける。梅酢でさえらを洗い、魚のつかるていどの酢に二時間くらいつける。酢からさえらを引き上げ、小骨をとり除く。酢飯を手でにぎり、さえらの大きさに長細く形づくると、魚を上にのせて魚と酢飯がなじむように押さえ、形をととのえる。

米一升で一二、三本できるが、たくさんつくったときは、もろぶた（長方形の底の浅い木箱）に詰めて酢のぬれぶきんをかぶせておく。

田辺湾や紀南沿岸でとれるさえらは、あまり大きくなく、脂も少ないので、すしに適している。

固くにぎったさえらずしは、鉄砲の筒のようであるところから、「さえらの鉄砲」とも呼ばれる。

（話者　山本たけ／採録　玉井満喜子）

和歌山県西牟婁郡中辺路《なかへち》町近露

あゆずし

材料［米／あゆ／梅酢／酢／砂糖／塩］

あゆは頭をつけたまま開いて中骨をはずし、たっぷりの塩をして一晩おく。さえらずしと同様に梅酢であゆを洗い、あゆがつかるていどの酢に二時間くらいつけてころし（殺菌し）、そのあと生酢につける。酢から上げて小骨をとり除いたら、にぎった酢飯の上にのせて形をととのえる。

あゆの姿ずしはめったにつくらないが、夏期に祝いごとがあると、川であゆをかけてきて（とってきて）つくる。

（話者　山本たけ／採録　玉井満喜子）

和歌山県西牟婁郡中辺路町近露

押し抜き

材料［米／凍み豆腐／紅しょうが／じゃこ／さやささげ／さやいんげん／酢／砂糖／塩］

松、竹、梅などの型抜きに酢飯を詰め、上にぎんまめ（いんげん豆の一種）、高野豆腐、ささげなどを甘からく味つけしたものや、紅しょうがやじゃこの酢漬をいろどりよく並べ、型抜きする。

晴れ食の巻きずしや魚ずしをつくるひまのないときなどにつくる。

具のいろどりによって、見た目もきれいでいろいろな形ができるので、楽しいおすしである。

（話者　山本たけ／採録　玉井満喜子）

和歌山県田辺市湊浦

魚ずし

材料［米／だいだい酢／さんま、いわし、あじ／酢／砂糖／塩］

田辺地方の魚ずしといえば、まず代表的なのがさえら（さんま）ずしである。さえらはどこでもとれて日常よく食べる魚で、秋になると脂ののった大きなさえらの塩焼きがおいしい。しかし、すしにするさえらは、脂の少ない小さめのものがよい。秋祭りには欠かせないごちそうの一つだが、ほかにも正月や船の進水祝いなど、行事のあるときには必ずつくる。

さえらは頭を切り落とし、腹わたをとり出して、中骨をはずす。身のほうに塩をたっぷりふり、一晩おく。翌日、塩でよくしまったさえらを酢（食酢）でさっと洗い、塩からすぎる場合は薄い食塩水で塩抜きして、身が白くなるまで二、三時間酢につけておく。酢から引き上げたさえらは、腹や身にくいこんでいる小骨を毛抜きでていねいに抜きとる。

食酢へだいだい酢を少ししぼりこみ、塩、砂糖を入れて飯に合わせ、半切りに広げて冷ましておく。さえらをふきんの上に広げ、茶わん山盛り一杯くらいの酢飯を少しにぎるようにしてのせ、さえらの大きさに形をととのえる。ふきんに包

左：さえらずし／右：あじの姿ずし

むようにしてぎゅっと締めるが、ふきんのかわりに巻き簀や押し抜きの型を使うこともある。これをすし箱にぴっちりと詰め、二、三日おく場合は重石をかけておく。長くおく場合は、砂糖は控えめにする。

さえらずしのほか、あじずしやいわしずしなども日常よくつくる。小あじはぜに（尾のほうにある固いうろこ）をとり、開いて中骨をとって塩を強めにふり、二、三時間おく。これを酢とだいだい酢を合わせた中に、身の表面が少し白くなるていどつけ、にぎった酢飯の上にのせる。いわしずしも同様にしてつくる。いずれも魚が新鮮だから、酢であまりしめすぎないほうがおいしい。

（話者　小出ミツヱ／採録　玉井満喜子）

和歌山県東牟婁郡那智勝浦町下里

かき混ぜ

材料［米／卵焼き／れんこん／ふき／里芋干し茎／切干し大根／にんじん／たけのこ／しいたけ／こんぶ／こんにゃく／ごぼう／かんぴょう／紅しょうが／しび／酢／砂糖／塩］

年中、ことあるごとに、親せき知人の女衆が集まってかき混ぜをつくる。白ごはんに四季の野菜やこんぶをきざんで煮たもの、ときには生魚をきざんで酢でころした（しめた）ものなどを入れて、かき混ぜたすしごはんである。

材料のにんじん、ごぼう、れんこん、かんぴょう、切干し大根、こんにゃく、割り菜（里芋の茎の干したもの）、たけのこ、ふき、しいたけ、こんぶなどを細かくきざみ、焼き魚のだしで甘からくよく煮こんで具をつくる。

飯盆に炊きあがった白ごはんをあけ、合わせ酢（酢、塩、砂糖少し）を混ぜ、少し冷めたら汁をよく切った具を入れてかき混ぜる。このとき、生きのよい魚（しび〈まぐろ類〉など）があれば、小さく切って酢でよくころし、酢をしぼって入れる。

混ぜ番は、かき混ぜたあと、しゃもじについたごはんを少しとって味見し、「よっしゃ、上出来」とうなずく。

かき混ぜは、建前のとき重箱に入れて配ったり、法事のとき皿に盛って故人の親せき知人に配ったりする。薄い卵焼き

をせん切りにしたものと、梅干し壺から出した紅しょうがをせん切りにしたものを上に飾る。念仏講のときには、かき混ぜをにぎりにしたもの二つと、縦切りのこんこ（たくあん）二切れを小皿にのせて来家の人に出す。家では小皿によそって食べる。

（採録　古川慶次）

和歌山県東牟婁郡那智勝浦町下里

魚ずし

材料［米／大麦／ゆず酢、だいだい酢／しょうが／さんま、かます、いわし、あじ、むつ／酢／砂糖／塩］

慶弔のことあるごとに、魚ずしと、のり、こぶの巻きずしをつくる。

魚ずしにする魚は、あじ、かます、むつ、いわし、さえら（さんま）などで、正月にはさえら、秋の祭りにはあじの魚ずしがよくつくられる。

このほか、ふだんの日でも、特別に生きのよい魚が手に入ったときなど、たまにつくることがある。ふだんの食事につくるときは、ごはんは白ごはんではなく、麦ごはんを使うことが多い。

魚は背開きにして、背びれ、骨、わたをとり、頭はつけたまま薄塩をして一日ほどおく。大量につくるときには二、三日前から用意するので、塩を多めにきかす。夏場も同様に塩を多くする。

ごはんを炊きはじめたら、塩をしておいた魚を水でさっと洗い、布で水気をとり、酢につけてころす。酢は、さえらのときはだいだいの酢、あじのときはゆずの酢を使うとよい。

ごはんが炊けたら飯盆に移して合わせ酢を少しずつ混ぜ入

れ、うちわであおぎながらさらに軽く万平に（まんべんなく）混ぜる。酢（ゆず酢やだいだい酢）を少しふり、冷めるのを待って、魚の大きさに合わせて長くにぎる。これに魚をのせ、簀でおさえて形をととのえる。魚の裏に、しょうがのすったのをほんの少し塗る家もある。こうして仕あがったものは、もろぶたに並べ、最初に必ず一切れ味見をする。

さえらずしは、「かめばかむほど味が出る」といわれ、翌日は焼いて食べてもよい。

（採録　古川慶次）

たかなずし　甘がらく炊いたしろよをいれたもの。

和歌山県東牟婁郡那智勝浦町下里

たかなずし

材料〔米／大麦／高菜漬／梅干し／しらうお／焼き魚／酢／醤油〕

たかなは冬に収穫して樽に塩漬けする。色はだんだん茶色になってくるが、塩をよくきかせれば秋まではもつ。このたかな漬を利用したにぎりずしである。

ごはん（麦を入れることのほうが多い）を炊き、酢を少し混ぜて、芯に梅干しか、醤油をしました焼き魚を入れて丸くにぎり、酢につけておいたたかなの塩漬で包んでにぎる。手軽にできるし弁当にしてもよいので、ふだんにもよくつくる。大きくにぎり、目はり口はりして食べるので、めはりずしともいう。

下里では春先に太田川でしろよ（しらうお）がとれるので、このしろよを甘がらく煮たものをごはんに混ぜ、たかなで包む。たかなのひりひりした味覚と、しろよのうまみを同時に味わう。

たかなは日当たりの悪いところでもよくでき、つくりやすい。早めにとったものを漬けるとやわらかい。

（採録　古川慶次）

和歌山県東牟婁郡那智勝浦町下里

めのにぎり

材料［米／大麦／高菜漬／あんとくめ／酢／砂糖／醤油］

酢飯をめ（海草のあんとくめ）で包んだすしである。めは酢を少し入れてやわらかく炊き、醤油と砂糖少々で味つけして汁を切る。ごはんに酢を合わせ、たかなの塩漬のきざんだものを芯にしてにぎり、めで包む。めは古いものほどやわらかい。乾かして紙袋に入れておけば保存がきくので、菜のない日の夕飯などにつくって食べる。麦ごはんでつくることも多い。

（採録　古川慶次）

鳥取県鳥取市賀露

しろはたずし

材料［米／はたはた／おから／麻の実／酢／砂糖／塩］

しろはた（はたはた）は四月に一番多くとれる。賀露大明神の春祭りにはしろはたずしを必ずつくる。鮮度のよい地どれのしろはたを利用し、どこの家庭もたくさんつくりこんでお客をもてなしたり、手みやげにしたりする。

しろはた一〇〇ぴきを背割りしてはらわたを出し、まっ白くなるくらいの塩をしてゆり輪（木桶）に漬け、しっかり重石をして一昼夜おく。塩漬のしろはたをゆり輪から出して、流し水で半日塩出しをし、ざるに上げて水を切る。酢の素（濃い酢）小びん一本分（一合くらい）を同量の湯冷ましでのばし、砂糖二斤を入れて混ぜ、これにしろはたをわたして（浸して）一昼夜以上おく。

豆腐一箱分（一〇丁くらい）のおからを空炒りし、酢の素を三倍くらいに水でのばしたもの一合と砂糖五〇匁くらいをふりかけながら味をつけ、空炒りした麻の実を混ぜる。これを酢でしめたしろはたに詰め、もとの魚の姿に形をととのえる。ゆり輪に、味つけしたおからの残りを敷き、その上に魚をひと並べし、またおからをふり、魚の向きを下段と交互に

して平らになるように並べる。一番上におからをふり、押しぶたをして軽く重石をする。
翌日から食べられるようになるが、食べごろは三、四日たったころである。冬の寒いころにつくると一か月はもつ。一口大に切って姿のまま皿鉢などに盛りつけ、みかんの皮などをきざんで小鉢に入れて添えるとよい。

（話者　新川つる／採録　伊吹澄江）

鳥取県八頭郡智頭《ちづ》町山根

早ずし

材料［米／塩さば／ふき／たけのこ／さんしょう／酢／砂糖／塩］

代満《しろみて》（田植えじまい）になると、寺ごもり（寺での慰安会）のごちそうに早ずしをつくる。みんなが持ち寄って、交換しながら、にぎやかに食べくらべる。ちょうど、あぜぶき、たけのこ（淡竹、真竹）のしゅんで、さんしょうも芽吹き、初夏のしゅんの味をとり合わせたぜいたくなすしである。

塩さばの大きいもの一本を三枚におろし、皮をはいで刺身のような切身にして、ひたひたの酢に浸しておく。たけのこ、ふきは小さくきざみ、甘がらく煮つけておく。

ただ米（うるち米）一升をふつうのごはんより固めに炊いて、熱いうちに、酢、砂糖、塩を合わせたものですし飯をつくる。ごはんのあらぼけ（荒熱）が冷めたら、準備した具を少しずつ合わせ、最後に、さんしょうの若芽をみじんに切ったものをふりこみ、木杓子で少し押して仕あげる。

押しずしより早くから食べられることから「早ずし」といわれる。

（話者　綾木貞子／採録　船橋睦子）

こけらずし

こけらは、木をちょうな（斧）でけずったものという意味で、木杓子で起こしたすしの形が似ている。

鳥取県八頭郡智頭町山根

こけらずし

材料［米／塩ます／みょうが／しその葉／酢／砂糖／塩］

盆の十四日の朝にはこけらずしを仕込む。仏さんに供え、仏まいりのお客さんのもてなしに出したり、家族で食べる。

米一升に塩ますの中くらいのもの一本を使う。塩ますは三枚にしておろして皮をはぎ、身を小さくきざんで、ひたひたの酢につけておく。が、あまり長時間酢につけないのがこつで、これに気をつかう。ごはんを炊きつけると同時に酢につけるのがよい。

ごはんは固めに炊きあげる。酢一合二勺くらいに、砂糖も同じ容量と、さかずき一杯の塩とで合わせ酢をつくり、熱いごはんと合わせ、すし飯にする。ごはんのあらぼけ（荒熱）がとれたら、酢につけた塩ますと、しその葉のきざんだものを片手で二ふりくらい入れて合わせる。これを半切り（すし桶）に入れて、上にみょうがの葉を並べ、押しぶたを置いて、強い重石を半日から一日かけておく。

押したすしを木杓子で起こすと、こけら（木くず）のような形になる。これを皿に盛り、山菜の煮つけなどと食べる。

（話者　綾木貞子／採録　船橋睦子）

鳥取県東伯郡東郷町川上

ばらずし

材料　[米／たけのこ／しいたけ／にんじん／しその葉／さんしょう／紅しょうが／ごま／酢／砂糖／醤油／塩]

田植えのあとの「宮ごもり」によくつくる。たけのこ、しいたけ、にんじん、しそ、さんしょうなど身近な材料を使う。たけのこ、しいたけ、にんじんは、砂糖、醤油、塩で下味をつけ、切りそろえる。ごはんを炊き、酢、砂糖、塩を合わせて混ぜたすし飯をつくり、これに具を混ぜ合わせる。器に盛ってから、せん切りにしたしそやさんしょうを散らす。紅しょうが、ごまを飾っていろどりをよくしてもよい。

（話者　森田辰子／採録　遠藤花枝）

島根県松江市西浜佐陀町

ちらしずし

材料［米／しいたけ／かんぴょう／にんじん／たけのこ／ふき／のり／卵焼き／紅しょうが／酢／砂糖／塩］

不意の来客の接待に便利な料理である。

白いごはんを固めに炊く。米一升のごはんに酢一合、砂糖七勺、塩一勺くらいの割ですし酢をつくり、炊きあげたごはんに振りかけながら混ぜる。具はしいたけ、かんぴょう、にんじんがふつうであるが、たけのこやふきを細かく切って煮たもの、さんしょうの芽など季節のものをごはんに混ぜる。盛りつけた上には錦糸卵、のり、紅しょうがで飾る。晴れ食の一品にもするが、ふだんでもあり合わせの材料でつくると子どもたちが喜ぶ。

（話者　井原俊夫・井原加子／採録　橋本マサヨ）

島根県浜田市熱田町

押しずし

材料［米／卵焼き／にんじん／ごぼう／かまぼこ／さんしょう／酢／砂糖／醤油／塩］

端午の節句や秋祭りにつくる。

白米を炊いてすし飯をつくり、具のごぼうとにんじんは細く切って醤油と砂糖で味つけして煮ておく。

木の枠の中が花形や角形に切り抜いてあるものにすし飯を入れ、具を置き、またすし飯をのせて型を押して抜く。上に、薄焼き卵を菱形に切ったもの、かまぼことさんしょうや青野菜を飾る。


（話者　土田ウメ／採録　柳楽紀美子）

島根県隠岐郡五箇《ごか》村久見

押しずし

材料［米／もち米／卵焼き／白身魚／のり／木の芽／酢／砂糖／塩］

五月三日、島後《どうご》五箇村《ごかむら》郡《こおり》の水若酢《みずわかす》神社のお祭りの日のごちそうとして、どこの家でもつくり、大鉢（平皿）に盛って客をもてなす。押しずしの上につけるのは、卵焼き、酢につけた魚、のり、木の芽などである。

ただ米（うるち米）一升に、もち米一合から二合と塩を入れて炊く。熱いうちに砂糖、酢を入れて、しゃもじで切るように混ぜる。

白身の魚は三枚におろし、軽く塩をふって少しおき、酢の中につけて三〇分ぐらいおいたものを薄く切る。

松竹梅の木型にすし飯を丸めて入れ、上に酢じめの魚や具をのせて押す。

（話者　八幡貞子／採録　原野千代子）

岡山県邑久郡牛窓《うしまど》町牛窓

ちらしずし

材料 ［米／さわら、はも、ひら／れんこん／卵焼き／凍み豆腐／紅しょうが／しいたけ／さやえんどう／ごぼう／かんぴょう／えび／いか／あなご／ふき／たけのこ／木の芽／まつたけ／酢／砂糖／醤油／塩］

行事食といえばすし、ごちそうといえば即座におすしという答えが返ってくるほど、すしは代表的な晴れの料理で、瀬戸内海からとれる新鮮な魚貝類を豊富に入れるのが特徴である。すし飯の味、つくり方は、家々で微妙に異なり、母親から娘へ、また、姑から嫁へ受け継がれてきたものである。

春、秋のお祭り、祝い事はもとより、盆や法事などの仏事にも、客用の接待にも欠かせない料理である。

どこの家庭にも、大、中、小のすしはんぼう（すし桶）があり、三升どりの大きなものになると一抱え以上もある。

米は上等の白米、すしの具は一〇種前後のものが入る。かんぴょう、高野豆腐、ごぼう、れんこん、しいたけ、さやえんどう、紅しょうが、卵焼き、酢魚、あなご、えび、いかと豊富である。そして、春にはふき、たけのこ、木の芽、秋にはまつたけと、季節の香りを盛りこむ。

酢魚の代表は、さわらである。とくに春のすしは、さわらが入らないと「ちらしずし」のようにいわないほどである。

さわらを三枚におろし、三分の厚さに切り、まず塩をして身をしめてから酢に漬ける。半日もすると身が白くはぜてくる。秋には、さわらのほかに、はもやひらを骨切りして用いることもある。

あなごは背を開いて骨をとり、醤油と砂糖で照焼きにし、小さめに切ってすし飯に混ぜこみ、少し大きめに切ったものは上に飾る。

えびは、赤い色が汚くならないように、醤油を少し控えめにして煮ておく。残りの煮汁はよくだしが出ているので、ほかの具を炊くのに使う。小えびはすし飯の中へ、大きなえびは上に飾る。くろばかま（えびの一種）が入ると大変なごちそうである。

いかは、醤油で煮たり、塩ゆでしたり、焼いたものを細く切ってすし飯に混ぜこんだり、上に飾ったりする。

野菜や干もの類は、一緒に炊き、少し色がつくくらいに醤油と塩、砂糖で味つけする。したがって、これらの具をすし飯に混ぜると、飯にも少し赤い色がつく。客のもてなし用にだけつくる場合には、材料を別々に炊き、塩味中心で白く仕あげる。さやえんどうは色よく塩ゆでし、卵は焼いて細く切っておく。

すし飯は、いつもより少し固めに炊く。炊きあがったら、すしはんぼうに山のようにとり出し、ごはんが熱いうちに合わせ酢を上からふり、木のしゃもじで、練らないように、切るように混ぜる。また、ごはんが炊きあがったら、釜の中へ合わせ酢をふりこみ、ふたをしてしばらく蒸らし、すしはんぼうにとり出し、うちわであおぎながら混ぜると、味が米の中までよく入るという人もある。

合わせ酢の割合は、家によって多少異なるようであるが、おおよそ、米一升に対し酢一合、砂糖茶わん二、三杯、塩軽く一にぎり。砂糖を茶わん二杯では少しすっぱめのすし飯になる。酢一合のうち魚を漬けておいた酢を一部入れると、だしが出ているので味がやわらかくなる。

酢魚、いか、あなご、えび、さやえんどう、錦糸卵、紅しょうが、しいたけ、木の芽は、上に飾る形のよいものを残し、あとはすべて汁気をよく切ってすし飯の中へ混ぜる。すし飯も具のほうも、よく熱をとってから混ぜると色が変わりにくい。ごはんと具と、どちらが多いかというほど、具が入る。

すしはんぼうの表面を平らにならし、材料を飾る。赤、緑、黄、茶、白といろどり鮮やかな豪勢なちらしずしができあがる。竹で編んだ簀をふたにしておくと、すしの日もちがよい。

すし飯の炊き方、合わせ酢の混ぜ方、具の炊き方など、ちょっとしたところに長年の経験が生かされている料理である。

（話者　山本満寿一・山本春子・坂口千蔵・山本富貴栄／
採録　今田節子）

（岡山県久米郡久米南町南庄）

さばずし

材料［米／塩さば／竹の皮／こんぶ／酢／砂糖／塩］

塩さばを大きな器に入れ、一～二日水につけて塩出しする。この水はすてずに、その中で骨、目玉、背びれ、胸びれなどを、はさみと毛抜きを使ってきれいにとる。頭はつけておく。大きな器にこぶを広げて、洗って水気をふいたさばをのせ、酢を加えて酢漬にする。時々ひっくり返す（二、三日）。

米はふつうのすし飯より心もちやわらかめに炊きあげ、熱いうちに合わせ酢をかけて完全に冷ます。

ごはんが冷めたころ、さばを酢から引き上げ、酢をふきとっておく。酢を打ったまな板の上にさばをのせ、手に十分酢水（酢と水と半々に合わせたもの）をつけて酢飯を長四角にととのえ、さばが生きているような姿に押しこむ。腹の切り目からごはんが見えるくらい詰める。さばが一まわり大きくなったように仕あげる。真竹の皮に包んで二か所しばる。すし桶にきっちり並べ、空間があれば詰め飯をする。軽い押しをして落ち着かせる。二、三日でなれておいしくなる。

祭り客には一寸ぐらいの厚さに切って皿に盛り、すすめる。

（話者 光元太郎・光元とよの／採録 杉山文子）

岡山県真庭郡中和《ちゅうか》村真加子

こけらずし

材料［米／もち米／塩しいら／熊笹／酢／白砂糖／塩］

新暦十月九日の秋祭りには、どの家もこけらずしをつくる。塩しいら一ぴきを三枚におろして皮をはぎ、酢、かくし味ていどの白砂糖、塩をよく混ぜた中に二日間くらい漬けておく。すしをつくるとき、刺身のようにそぎ切りにする。塩しいらのかわりに塩さばを使う家もある。

うるち米に一割ていどのもち米を混ぜて炊く。熱いうちに、合わせ酢を混ぜてすし飯をつくり、あら熱を抜く。合わせ酢の割合は、酢をうどんどんぶり半杯、白砂糖大さじ山盛り四杯、塩一つまみである。きれいな熊笹を用意し、両端を切り落として五寸くらいの長さにする。その笹の上に約二寸の大きさににぎったすし飯を置き、酢漬のしいらをのせる。

すし桶に、すき間のないように並べながら詰める。五、六〇個のすしができる。三段重ねにして上にも笹を一面に敷きつめ、ふたを置いて、二七〇匁くらいの重石をする。

すしをつくった翌日くらいからが、食べごろである。つくってから四日間くらいは、おいしく食べられる。

（話者　池田雅夫・池田親枝／採録　太郎良裕子）

広島県広島湾沿岸

ばらずし

材料［米／にんじん／ごぼう／れんこん／ふき／さやえんどう／卵焼き／干ししいたけ／えび／あなご／あさり／鯛／すずき／酢／砂糖／醤油／塩］

春がきて水ぬるむと、貝掘りの季節がはじまる。ふきの茎も伸びて、きぬさやえんどうが八百屋の店先に出はじめるころになると、だれしもばらずしを思い出してつばをのむ。にんじん、ごぼう、れんこんにふきやきぬさやえんどうなどの季節野菜と、瀬戸内の四季おりおりの小魚類をとり合わせた五目ずしを、この地方ではばらずしと呼ぶ。

節句や花見のごちそうとしてつくられ、とくにひな節句には「かい（貝）ない節句はいけない」といい伝えられており、必ず小貝（あさり）をむき身にして入れる。

また、ばらずしにはあなごも欠かせない材料である。「あなごは宮島もんに限る」といわれるほど、宮島の対岸、大野のあなごのおいしさは有名であり、ばらずしの味はあなごで決まるといっても過言ではない。

魚屋であなごを買うと、手ぎわよく身を開いて骨をはずしてくれるが、あなごの骨と頭はすてないで必ず一緒に包んでもらう。あなごの身は九分どおり白焼きにして火を通した後、最後に照りをつけて仕あげる。このとき、頭も骨も一緒に白焼きし、頭は合わせ酢につけておくと酢が大変おいしくなる。骨はかりかりに焼いて、照り醤油の残りをつけてあぶると、おいしい骨せんべいができる。

ばらずしをつくる日、七輪のそばにしゃがんで、骨せんべいが焼きあがるのを待つのも、子どもたちにとって楽しみの一つである。

すし飯は水を少し控えめにして炊く。合わせ酢は、米一升に対して、酢を茶わん一杯と砂糖も軽く茶わん一杯くらい、これに塩二つまみほど入れてつくる。この中にあなごの頭を焼いてつけておき、手でもみほぐすようにして身と骨をはずし、骨は引き上げる。ほかに鯛やすずきなどの白身の魚も酢のこ（合わせ酢にうまみをつけるもの）として用いるが、何もないときは、いりこの身を裂いて、なべで空炒りしたものを合わせ酢につけておいて混ぜることもある。

ごはんは蒸らし時間を短く、ふつうより少し早めにふたをあけ、周囲をしゃもじではずしておいて、釜ごとすし桶にひっくり返すようにして移す。合わせ酢を全体にふりかけ、一呼吸して、大きな渋うちわで勢いよくあおぎながら、す早く飯を広げて全体に酢を混ぜる。

具のあなごは照焼きにして小口から切っておく。えびは小指くらいの小さいものは殻つきのまま、少し大きいえびは頭と殻をとる。貝はゆがいて身をはずし、にんじん、ごぼうはささがき、干ししいたけは水にもどして細切りにしておく。あなご以外の材料を一緒に炊いて醤油で味をつけ、煮汁がほとんどなくなるまで煮ておく。れんこんは皮をむき、薄く切って酢につけておく。

以上の材料を順次、すし飯にふり入れて混ぜ、錦糸卵や塩ゆでしたさや豆のせん切りを散らす。

（採録　山崎妙子）

広島県豊田郡蒲刈町大浦

あずまずし

材料［おから／残りごはん／凍み豆腐／油揚げ／大豆／にんじん／かまぼこ／こんにゃく／えび／酢／砂糖／醤油／塩］

広島県の島の冠婚葬祭は盛大である。葬式でも法事でも、一〇〇人、二〇〇人の人が集まるので、準備も大変である。三回忌、七回忌というような法事は、年中忙しい島の生活のなかでも、比較的仕事のつごうがつけやすい二月、三月に、村中まとめて、どこの家でも行なうようにしている。したがってこの時期は、手伝いに行ったり、よばれたり、あわただしい季節である。法事をする家では、親せきなど大勢の人が手伝って客のもてなしの準備をする。蒲刈島《かまがりじま》では豆腐も手づくりにするので、おからもたくさんできる。

そこで、大勢の客のもてなしで残ったごはんにしぼりたてのおからを混ぜて、あずまずしをつくり、手伝いの人や近所にふるまうのである。

残りごはんに、しぼりたてのおからを上からふりかけるようにして混ぜる。おからの量はごはんの二割から四割くらいまでで、ごはんとおからが均一に混ざってから、酢と醤油と砂糖に塩少々を混ぜた合わせ酢をふりかけて酢飯にする。

具はなんでもよいが、いろどりに精進のときは黒豆、にん

あずまずしのむすび

じん、こんにゃく、油揚げ、高野豆腐などを炊いて入れ、結婚式のときなどにはえびやかまぼこなども加える。
　黒豆はおかず豆（煮豆）のように甘からく味つけし、そのほかの材料は醤油で薄味に炊き、いずれもよく冷ましてから酢飯と混ぜ合わせ、むすびにして手伝いの人や近所にふるまう。

（話者　今村辰江／採録　山崎妙子）

あずま　このしろの背割りに、おからを詰めたもの。

〈広島県瀬戸内沿岸・島しょ〉

あずま

材料［おから／麻の実／このしろ、たなご、鯛、いわし／酢／砂糖／塩］

祭りがくると、あずまをもろぶたにぎっしり詰めてつくり、祭り客の酒のさかなやごはんのおかずとして大勢の人にふるまう。竹原から呉、大竹に至る沿岸地域では、「これを食べなきゃ祭りの気分がせん」という人も多く、祭りや正月にはどこの家でもよくつくる。

このしろ、たなご、鯛、いわしなどの小魚ならどれでもよい。背割りにして中骨をとり、全体に塩をふって半日おき、その後、魚の表面をさっと洗って、二杯酢に二日くらい浸しておく。

魚をとり出してざるに並べる。魚をつけていた酢をおからに混ぜて味をつけ、麻の実を香ばしく炒って混ぜておく。これを魚の腹に適量詰めて、元の姿のように形づくる。もろぶたにきっちり詰めて並べておき、形が落ちついたころ、適当に切って皿に盛りつける。

（採録　山崎妙子）

花ずしと、型を抜く押しずし器

広島県賀茂郡河内町小田

花ずし

材料［米／卵焼き、ごま、こうたけ、にんじんの葉、でんぶ、かまぼこ、さんしょうの葉／きのこ／ごぼう／切干し大根／油揚げ／酢／砂糖／醤油／塩］

白米飯で、一度に三升くらいはつくる。ばらずしと同じようにすし飯をつくり、余分につくっておいた合わせ酢を手水にして丸くもむ。松竹梅の形をした押しずし器も酢水で湿らせ、もんだすし飯を詰め、上具をいろどりよく置いて押し出す。上具には、卵焼き、ごま、こうたけ、にんじん葉、さんしょうの葉、すしの花（でんぶ）、かまぼこなどの中から三種類を使う。一皿に四個ずつ盛る。

なば（きのこ）やごぼう、干し大根、油揚げを小さく切り、だし汁、砂糖、醤油で甘からく炊いて、中具に入れることもある。地域によっては、栗やうずら豆を甘く煮て入れる。

（話者　山脇繁夫・山脇露子／採録　山根郁子）

広島県賀茂郡河内町小田

ばらずし

材料［米／ごぼう／にんじん／かんぴょう／油揚げ／わらび／かまぼこ／卵焼き／いりこ／酢／砂糖／醤油／塩］

ばらずしは白米だけを使い、ふつうのごはんよりも水をひかえて少し固めに炊く。炊きあがったらすし飯ぼう（すし桶）にとり、すし酢をうち、渋うちわであおぎながら大しゃもじで切るように混ぜる。酢や砂糖の分量は家によって違うが、米一升なら、酢も砂糖も茶わん一杯くらいと塩一つまみをよく混ぜて使う。ごぼう、にんじん、かんぴょう、油揚げ、わらび、かまぼこなどを、砂糖、塩、それに醤油を少し入れて甘からく炊き、煮汁を切って、すし飯に混ぜる。いりこは炒ってもみくだき、酢につけておいたものを入れる。

できあがったばらずしを手塩（小皿）に盛って錦糸卵をふり、木の芽があれば添える。

（話者　山脇繁夫・山脇露子／採録　山根郁子）

混ぜ飯をつくる　すし飯に煮しめの残りをきざんで入れる。手早くできて、みんなに喜ばれる。

広島県双三郡君田村東入君

混ぜ飯

材料［米／油揚げ／にんじん／ごぼう／酢／砂糖］

酢と砂糖を一度煮たたせてごはんに混ぜ、すし飯をつくる。自分の家の夕食につくる混ぜ飯の具は、ごぼう、にんじん、油揚げなどの煮しめの残りをきざんだものである。

ばらずしも混ぜ飯という。客に出す混ぜ飯がばらずしのことである。

ばらずしのつくり方は混ぜ飯とほぼ同じだが、残りの具でごはんの上を飾り、また、しめさば、さんしょうの葉などをいろどりにする。

（話者　小野久子／採録　平川林木）

秋祭りの押しずし　松竹梅の木の押し型（左）にすし飯を詰めて抜き、上にしめさば、さんしょう、しゅんぎく、すしの花などを飾る。

広島県双三郡君田村東入君

押しずし

材料［米／しめさば／さんしょうの塩漬／しゅんぎく／そぼろ／酢／砂糖］

秋祭りには押しずしをつくる。押しずしは仕事の忙しいときには手がかかってできないので、年に二、三度しかつくらない。

とり入れがすみほっとしたときに秋祭りがある。松竹梅などの木の押し型に、砂糖と酢を入れたすし飯を詰める。角に切ったしめさば、さんしょうの塩漬、しゅんぎく、すしの花（鯛の赤いそぼろ）などを上に飾る。

祭りのにぎわいと、押しずしの上の赤、緑の具と酸味のあるさばがよく合う。祭りのときは仕事からも解放されて、おいしく食べる。

（話者　小野久子／採録　平川林木）

広島県双三郡君田村東入君

いわしのあずまずし

材料［いわし／おから／さんしょう／酢／砂糖］

隣町の三次《みよし》からいわしの生きのよいのが入ると、あずまずしをつくる。生のいわしを背から割いて骨をとり出しておく。酢に砂糖を入れて一度煮たたせておく。酢が冷えるといわしの骨を抜いたものを浸し、酢がしみると、身のほうにおからを詰める。おからは、よく煎りつけて砂糖をきかせ、さんしょうなどを入れて好みの味をつけ、いわしに詰めていく。

できあがったものは食べやすく切り、皿か平たいどんぶりに並べる。酢のきいたいわしにおからの甘みが加わって、おいしい。涼しい場所に置いて、その日と翌日くらいに食べきるようにする。

（話者 小野久子／採録 平川林木）

（広島県山県郡芸北町大利原）

祭りずし

材料［米／塩さば、卵焼き／にんじんの葉／にんじん／しいたけ／こんにゃく／ごぼう／酢／砂糖／塩］

秋祭りにつくる。

塩さばの腹を開き、塩抜きして酢につけておく。具は、にんじん、ごぼう、こんにゃく、しいたけを小さくきざんで甘からく味つけしておく。

ごはんはやや固めに炊き、酢、砂糖、塩少々を混ぜたもので味つけして、ごはんに切り混ぜをし、具を入れてよく混ぜ合わせる。一方、酢に浸したさばを押しずし用のきれに切っておき、すし飯を木型の中に入れて酢さばをのせ、押し出す。

さばのかわりに卵焼きを菱形に切ってのせ、にんじんの葉を少しいろどりに添えて押し出すこともある。さばと卵焼きのすしはいろどりがよい。

（話者　藤原巌・藤原初美／採録　平川林木）

山口県大島郡久賀町久賀山田

角ずし

材料［米／卵焼き／しゅんぎく／大豆／あなご、白身魚／寒天／酢／砂糖／塩］

九月の八幡さまの例祭に親類をよんでおよばれ（宴会）するときは角ずしを膳につけ、帰りに重箱にいっぱい詰めてみやげに持たせる。

角ずしの押し型は、二寸角、高さ一寸六分くらいの大きさで、これにすし飯を詰め、上に薄焼き卵、ろうま（しゅんぎく）、黒豆、あなごのかば焼き、赤い寒天を乾燥したままちぎったものなどをのせて押し出す。

すしには、必ずあなごを使うようにし、手に入らない場合には白身の魚を酢でしめて使う。ただし、仏に上げるすしには生ぐさいものは使わない。

白米を食べることがあまりないので、すしをつくるさいにはたくさんつくり、二、三日の間は食べる。

（話者　秋田ヒメ／採録　野村一恵・岩崎安己江）

山口県岩国市

角ずし

材料［米／れんこん／しいたけ／ごぼう／にんじん／卵焼き／白身魚／寒天／しゅんぎく／ほうれんそう／しいたけ／さんしょうの葉、しその葉／はすの葉／酢／砂糖／醤油／塩］

岩国地域では、お祭りなどの行事に必ず出す郷土料理のどれもに、はすを使っている。

岩国ですしといえば角ずしで、古くから伝わっている押しずしである。江戸時代からはじまったともいわれ、籠城のとき、水の少ない山頂でもつくりやすく、保存もきき、持ち運びにも便利であるということから吉川藩で広まったともいわれる。

家には代々伝わっているすし枠があり、三升枠、五升枠、一斗枠などがある。一般の家庭では三升のすし枠が多い。

つくり方はまず、使うすし枠に合わせてすし飯を炊く。三升枠ならば三升くらいの飯を炊き、これに酢をきかせて酢飯をつくる。すし枠は枠台と枠と押しぶたからなり、枠台と枠を組み合わせ、長方形の折の底に、はすの葉の乾燥させたものを水にもどして敷く。どの家もすし用に、乾燥したはすの葉を保存している。

この上に四等分した酢飯を置く。それを平らにならし、その飯の上に具として、酢漬けしたはすのほか、しいたけやご

1

2

3

角ずしのつくり方

(1) 5升分のすし枠にすしを詰め、はすの葉をのせてしきりとする。この上にまた酢飯具をのせ、4段にする。
(2) 押しぶた、重石をしてから、枠をとった角ずし。
(3) すし切り専用の包丁で切り分ける。
(4) 皿に盛って、できあがり。

ぼう、にんじんの甘からく味つけしたもの、錦糸卵、白身魚の酢じめを置く。さらに、赤い寒天の乾燥したままをちぎったもの、さらに青みとしてしゅんぎく、ほうれんそう、春はさんしょの葉、夏はしその葉をきざんだものをのせる。その上に、またはすの葉を水にもどしたものでしきりをして、同じ作業をくり返して上に積んでいく。

四段になると押しぶたをして重石を置き、しばらくおいて味をなじませる。押しておく時間は、重石の重さにもよるが、一晩押しておくこともある。押しぶたと枠をはずすと、具と飯が層になったようすがみごとなすしができあがる。これを、すし切り専用の刃の長い包丁で小さく切り分けて、みなに配るのである。

各種のお祭り、お正月や節句などの年中行事、結婚式などの慶事には必ずつくられ、頼母子などでみなが集まったときのおみやげなどにもしており、生活のなかに息づき、岩国の人に愛されている郷土料理である。

（採録　梅地秀美）

あんこずしをつくる

あんこ（左下）をすし飯のむすびの中に詰め、すし型（右）に入れて押す。

あんこずしのできあがり

にんじんの葉と寒天で飾られている。

（山口県玖珂郡錦町府谷）

あんこずし

材料　［米／切干し大根／にんじん／ごぼう／にんじんの葉／寒天／酢／砂糖／醤油／塩］

あんこには、切干し大根、にんじん、ごぼうを小さく切って、砂糖を少し効かして醤油で味つけしたものを使う。具の汁気を、小ぞうけに移して切る。

酢に砂糖を効かしてすし飯をつくる。それを大きめのむすびにし、中にあんこを入れる。これを四角い木製のすし型に入れて押し出す。あんこが出ないようにまわりをすし飯できれいに丸めることがこつである。

四角く抜けたら、上ににんじんの葉と、赤色の寒天（乾燥したもの）を薄くはいだものを飾る。赤と緑がきれいである。

まつたけ山を持っている家では、まつたけもきざんであんこに使う。秋のあんこずしである。

（話者　白石マスヨ・白石輝忠／採録　俵田秀子・内田啓子）

山口県阿武郡むつみ村高佐下

押しずし

材料［米／にんじん／しいたけ／ごぼう／でんぶ／木の芽／酢／砂糖／塩］

押しずしは祭りや持ち寄り料理に欠かせないものである。

ごはんは少し固めに炊いて、合わせ酢を入れて混ぜる。合わせ酢は米一升に対し、酢一合と同量の砂糖に塩少々。具はしいたけ、にんじん、ごぼうなどを細かく切って、砂糖と塩で味つけをして煮たもので、これをすし飯に混ぜる。

口径二尺、高さ二寸の丸いすし桶に、具の入ったすし飯を、一寸ぐらいの厚さにしゃもじでならす。そして、押しぶたでしっかりしめ、ほぼ三寸四方に切り目を入れる。一個が一合の米に当たる。上にすしのはな（紅や緑のでんぶ）と木の芽などを飾る。

客を招いたときは、上下に二つ重ねて出す。持ち寄り料理のときは重箱に詰める。

（話者　松村義次・松村アキ子／採録　足立蓉子・福島和子）

山口県萩市大井湊

すし

材料 ［米／鯛、あじ、ぶり／干ししいたけ／にんじん／でんぶ／酢／砂糖／塩］

秋の荒人《あらひた》さま（漁の神さま）の祭りには、鯛、あじ、ぶりなどいきのよい魚を使った押しずしをつくる。魚は三枚におろし、薄くそぎ切りにする。塩を少しして、砂糖を少々入れた酢につける。ごはんを炊く間に、水でもどした干ししいたけとにんじんをせん切りにして甘からく味をつける。ごはんが炊けたら、魚を浸した酢を加えて、すしごはんをつくる。

すしごはんを木型に合わせて四角くむすび、型に入れ、平らにして、上置きに酢づけの魚、しいたけ、にんじんを形よく置いて、押し抜きでしっかり押さえて抜く。皿に盛るときに、そぼろを上に飾る。たいていは食べる前日につくり、味をなじませる。

荒人さまの祭り以外にも、青木さま（漁師の守護神）の祭りなど客を招くときには、押しずしをよくつくる。

ちらしずしをつくるときも、押しずしと同じように酢じめの魚、濃いめに味つけしたにんじんや干ししいたけを入れる。

（話者　水津ナツ／採録　本間明子・岡千代子）

山口県豊浦郡豊田町高熊

押しずし

材料［米／にべ、甘鯛、あじ／えび／れんこん／にんじん／しいたけ／酢／砂糖／醤油／塩］

すしは祝いごとや節句、客の手みやげの返礼、その他晴れの食事としてつくることが多い。客が重箱でみやげを持ってきてくれたときはその重箱にちらしずし、重箱でないときは押しずしにして竹の皮二枚にくるんで持たせる。

いずれも、にべ、甘鯛などの季節の生魚を酢に浸しておき、飯が炊けて手にぽっとぬくいときに魚をしぼった酢を混ぜてつくる。

押しずしは、すし桶にむきえび、はす、にんじんなどの具を入れた飯をしっかりと詰め、中ぶたで仕切り、さらに飯を押さえながら詰める。一番上に酢漬魚やしいたけの甘煮を散らし、しゃもじで四角に切る。あじを使うときは、上に散らさずすし飯に混ぜてしまう。押しずしは、時間がたっても飯がぱさぱささせずおいしい。

（話者　竹田ミユキ・竹田弾司／採録　松岡洋子・大野悠子）

山口県山口市秋穂二島

唐すし

材料［米、おから／このしろ／麻の実／しょうが／酢／砂糖／塩］

このしろを三枚におろし、薄塩をしてしばらくおいて酢洗いし、酢、砂糖、塩を加えたおいしい酢に漬けておく。しょうがはみじん切りに、麻の実は炒っておく。

白米飯に、魚を漬けておいた酢と、しょうがのみじん切り、麻の実も入れてよく混ぜ、酢に漬けたこのしろで包む。

すし飯のかわりに、おからを使うこともある。この場合は、おからを煎って、魚を漬けた酢で味つけし、しょうがと麻の実を入れて魚で包む。どちらも唐すしという。

（話者　浅原リュウ／採録　細井花子・高下須磨子）

（徳島県板野郡土成《どなり》町宮川内）

姿ずし

材料［米／塩あじ、塩いぼだい、塩このしろ／酢／砂糖／塩］

秋祭りには必ずつくる。祭りの三日前には讃岐から売りに来る塩をしたあじやこのしろ、ぼうぜ（いぼだい）などの魚を樽ごし（樽ごと）買い、宮川内谷川へざるに入れて持って行き、川水につけて塩出しをする。塩が八分どおり抜けてしまうと、酢に漬けて魚の身をしめる。

祭りの前日には米の飯を炊き、酢、砂糖、塩で調味し、すし飯をつくる。その日のうちに、魚の頭から尾のほうまで、すし飯をいっぱい詰めて、もろぶた（長方形の浅い木の箱）に並べて軽く重石をしておく。一日たつと味もなじみ、おいしい姿ずしになっている。

祭りの膳には一ぴきか二ひきしかつけないが、客には重箱に入れてみやげに持たせるので、米五升を二回に分けて炊き、たくさんつくる。

（話者　三木イマ／採録　東條昭子）

徳島県板野郡土成《どなり》町宮川内

かき混ぜずし

材料［米／えんどう／ごぼう／油揚げ／大根／にんじん／里芋／里芋の生茎／さやえんどう／たけのこ／さや三度豆／なす／切干し大根／きのこ／酢／砂糖／醤油］

五目ずしのことで、一年中、紋日（祝いの日）には必ずといっていいほどつくる。米一升を洗って炊く。米酢一合に塩をさかずきに一杯、砂糖を茶わんに軽く一杯を混ぜる。砂糖はきざら（ざらめ）を使うので溶けにくいが、酢を温めたりすることはしない。ごはんがあつあつのうちに、はんぼ（半切り桶）に移して混ぜると、溶けてしまう。

ごはんが炊ける間に具を煮ておく。冬はえんどう豆、ささがきにしたごぼう、せん切りの油揚げ、いちょう切りした大根とにんじん、二つか四つに割った地いも（里芋）の子いも、小口切りにしたずき（里芋の茎）などを、一緒に炊く。味つけは醤油だけで薄味にする。えんどう豆は、乾燥させてとっておいたものをもどして使う。

春はえんどう豆を入れると色鮮やかなすしになる。夏はたけのこ、さや豆（三度豆のさや）、なす、もどした干し大根、油揚げとずきを入れ、秋にはきのこ、なす、さや豆、油揚げを入れる。これらの具をすし飯に混ぜ、皿に盛りつける。

（話者　三木イマ／採録　東條昭子）

徳島県三好郡東《ひがし》祖谷《いや》山《やま》村久保

すし

材料［米／切干し大根／にんじん／ごぼう／ぜんまい／ふき／さやいんげん／ちくわ／かまぼこ／こんぶ／酢／砂糖／醤油／塩］

すしといえば、五目ずしのことをいう。

お祭りかお客が来るときは、すしをつくってもてなす。その時期にある具を何種類か細かく切って甘からく味つけして、酢と少しの塩、砂糖を合わせたごはんに混ぜる。干し大根、にんじん、ごぼう、ぜんまいをよく入れる。ふきか、かきまめ（さやいんげん）のあるときは、青みが入り、きれいになる。こんぶ、ちくわ、板付け（かまぼこ）を買って煮しめにするときは、すしにも入れる。

（話者　杉平ツネミ／採録　山本惠津子）

徳島県海部郡由岐町阿部

ひじき入り五目ずし

材料〔米／ひじき／凍み豆腐／油揚げ／切干し大根／たかのはだい、黒鯛／すだち／にんじん／こんにゃく／ごぼう／酢／砂糖／醤油／塩〕

秋祭りには必ずつくる。取材地の由岐町阿部では「五目ずしにひじきが入らないとすしの気がせん」という。ひじきが入っているとごはんがすえにくい（腐りにくい）し、ひじきは中風の薬ともいわれている。

干しひじき一つかみは、水につけておく。切干し大根一つかみか二つかみもよく洗って、水につけておく。高野豆腐二枚も水につけておく。

ひじきは、魚の頭のだしで煮て、砂糖、醤油で味つけをする。切干し大根、細かく切った高野豆腐、油揚げなどは、切干し大根のもどし汁、魚の頭のだしで一緒に炊き、砂糖と醤油で味つけをする。

たかのはだい、ぐれ（黒鯛）などの魚一、二尾は焼いてむしり、酢をふりかけておく。

米一升をふつうに炊き、はんぼう（すし桶）に入れる。ここへすだちをしぼりこんだ酢一合と、砂糖を茶わんに一杯、塩を茶さじ一杯を合わせたものを混ぜて酢飯にする。酢飯に、まず魚を混ぜ合わせ、次にほかの具を混ぜ合わせて五目ずし

とする。大皿に盛り、各自、小皿につぎ分けて食べる。
自分たちでとり、加工したひじきだからおいしい。ひじき入り五目ずしは、祭りのごちそうでもあり、また日常にもつくる。すしをつくって食べるのは、とても楽しい。
葬式のときには魚は使わない。具は高野豆腐、にんじん、ごぼう、こんにゃく、ひじき、煮豆などの精進料理である。
（話者　浜行初子・浜行長利／採録　小川久子・山腰エミ子）

ひえのかき混ぜ

米のかき混ぜ

ひえのかき混ぜはおのおの小皿にとって食べる

徳島県那賀郡木頭村蟬谷

かき混ぜ

材料［米、ひえ／切干し大根／ごぼう／しいたけ／凍み豆腐／さやささげ／酢／醤油／塩］

かき混ぜはばらずしのことである。お客ごとや行事のときには米でつくるが、わがんく（わが家）の楽しみに食べるときには、ひえでつくったりもする。

ひえでつくるときは、ふつうのひえ飯を炊くときよりも、少しやわらかめに炊くのがこつである。

合わせ酢は米なら一升に酢一合、塩少々。ひえなら、酢がききやすいので一升に五勺と塩少々くらいの割合で合わせる。

具は、干し大根、ごぼう、しいたけ、あれば高野豆腐などを細かく切って煮つけたものや、ささげを炊いたものである。できあがったかき混ぜは、大きなおひつに入れて供し、各人が小皿に少しずつとって、何度もおかわりしながら食べる。

取材地の木頭《きとう》へんでは、かき混ぜは最も一般的な行事食の一つである。

（話者　竹岡ハツ・竹岡一二／採録　谷友代）

徳島県那賀郡木頭村蟬谷

あめごのにぎりずし

材料［米／やまめ／酢／ゆず酢、氷酢酸／塩］

あめご（やまめ）のにぎりずしは、かき混ぜ（ちらしずし）より一段上等で、お客さんをもてなすときの最高のごちそうである。

川でとってきたあめごは頭をとって背開きにし、腹（はらわた）と骨をとり、塩をして、片身を四つか五つに切る。しばらくゆず酢か八倍に薄めた氷酢酸につけた後、すし飯にのせてにぎる。合わせ酢は米一升に酢一合、塩少々である。

（話者　竹岡ハツ・竹岡一二／採録　谷友代）

徳島県那賀郡木頭村蟬谷

あめごの姿ずし

材料［米／やまめ／酢／ゆず酢、氷酢酸／塩］

あめご（やまめ）を姿ずしにするときは、頭をつけたまま背開きにし、はらわたと骨をとり、塩をして、しばらくゆず酢か八倍に薄めた氷酢酸につけた後、すし飯をつめる。合わせ酢は米一升に酢一合、塩少々である。

白いごはんにあめごの桃色が映えて、きれいないろどりのすしになる。

（話者　竹岡ハツ・竹岡一二／採録　谷友代）

五目ずし

「おこもり」の日の五目ずし

徳島県那賀郡羽ノ浦町古庄

五目ずし

材料［米／大根／里芋／こんにゃく／ちくわ／里芋干し茎／さやいんげん／いりこ／酢酸／砂糖／醤油／塩］

すし飯の酢は、巻きずしと同じく酢酸を使う。合わせ酢は、米一升に酢一合、砂糖小さじに三杯と塩一杯半である。

具には大根、里芋、こんにゃく、ちくわ、干しずき（干した赤芽いもの茎）、青いさやのいんげん豆などを入れる。ずきといんげん豆以外は形をそろえて切り、いり（いりこ）のだしで煮て、砂糖と醤油で味をつける。干しずきは、水でもどして、五分ぐらいに切って同じように味つけする。いんげん豆はさっと塩ゆでにして、いろどりに入れる。

「いのちなが」（正月、五月、九月の長命祈願の日）や秋祭り、稲刈りあとの「おこもり」などのときにつくる。おこもりのときにはお重に入れて、みんながお寺に持ち寄って食べる。

（話者　佐幸ヒサエ／採録　朝倉美佐・立石一）

（徳島県那賀郡羽ノ浦町古庄）

巻きずし

材料［米／のり／凍み豆腐／かんぴょう／にんじん／ちくわ／いりこ／酢酸／砂糖／醤油／塩］

女の子のお節句や秋祭りには、必ずつくるごちそうである。芯にはこごり（高野豆腐）、かんぴょう、にんじん、ちくわなどを使う。いり（いりこ）のだしで煮て、砂糖と醤油で味つけする。

のりは、ふだんは青のりを使うことがほとんどで、黒のりも使うが、こちらは値段が高いので、三回に一回ほどである。すし飯の酢は、酢酸（酸味の強い酢）を使う。米一升に対して酢は一合、砂糖小さじに三杯と塩を一杯半入れる。酸っぱいすしである。

のりにすし飯を広げ、芯を並べてぐるりと一巻きする。

（話者　佐幸ヒサエ／採録　朝倉ミサ・立石一）

徳島県鳴門市黒崎

ばらずし

材料［米／卵焼き／凍み豆腐／かんぴょう／さやいんげん／にんじん／ちくわ／こんにゃく／ごぼう／里芋／いりこ／酢／砂糖／醤油／塩］

端午の節句や秋祭りには、ばらずしをつくる。

高野（高野豆腐）、かんぴょうは湯でもどして、いりこ（煮干し）のだしに砂糖、塩、醤油で味をつけて炊く。こんにゃく、にんじん、ちくわ、三度豆（さやいんげん）などの具も小さくきざんで同じような味つけで炊き、すし飯と混ぜ合わせる。卵は薄焼きにして細く切り、盛りつけた具入りのすし飯の上に散らす。具はごぼう、里芋を入れるときもある。

秋祭りの宵宮には、ばらずしをつくり、甘酒とすしを親せきに持って行き、お祭りの案内をする。翌日の本宮にもたくさんつくる。

（話者　緒方常雄・緒方フクエ／採録　大和千鶴子・立石一）

徳島県鳴門市黒崎

あじの丸ずし

材料［米／あじ／紅しょうが／酢／砂糖／塩］

秋祭りには魚ずしを必ずつくる。なかでもあじの丸ずし（姿ずし）は何はさておいてもつくるものの一つである。

「銭つけて、ごはんを食べて横になって寝んね」——そのような暮らしがしたいという願いもあって、ぜんご（銭）つきのあじの丸ずしをつくる。

小あじは背開きにして中骨をとり、塩をして半日くらいおいてしめ、水でさっと洗って水気をふきとり、酢漬にする。砂糖を控えめにした合わせ酢をごはんに合わせ、にぎった上にあじをのせ、紅しょうがを飾る。

（話者　緒方常雄・緒方フクエ／採録　大和千鶴子・立石一）

徳島県板野郡松茂町

いなの姿ずし

材料［米／ぼら／わさび／酢／砂糖／塩］

ぼらの幼魚をいなと呼び、鳴門海岸ではよくとれる。焼き魚や刺身よりは、酢のものや魚ずしに使うほうが好まれる。

いなを頭から背開きにして、中骨とはらわたをとって洗い、塩を多めにふって身をしめる。二、三時間おいてから、水に酢を少し加えたもので洗って水気を切り、たっぷりの酢につける。身が白くなればとり出し、水気をふいてふきんの上に身を上にして置く。

ごはんはかために炊き、合わせ酢（酢、砂糖、塩）をかけて混ぜ、冷ましておく。いなの身に練りわさびをつけ、この上にすし飯を棒状ににぎって置き、ふきんでしめる。大量のときには、ふきんでしめた魚を、大きな押しずし用の枠の中に入れて、上から重石をして一晩おいてから、四等分に切って食べる。

おもに祭りのときのごちそうで、秋祭りにはぼらを使って二貫目の姿ずしをつくる。

（話者　吉成静子／採録　鈴木竹子）

（香川県大川郡引田町坂元）

ばらずし

材料［米／油揚げ／里芋／にんじん／えび／しいたけ／かまぼこ／卵焼き／酢／砂糖／醤油／塩］

春祭り、さのぼり（田植えがすんだ祝い）、庭上げ（収穫がすんだ祝い）などにつくり、「かき混ぜ」ともいう五目ずしのことである。

すし飯はふつうにつくる。油揚げ、里芋、にんじん、えび、しいたけ、くずし（板つきかまぼこ）などの具を細かく切って醤油で味つけし、すし飯と混ぜ合わせる。すし飯を混ぜるとき、飯を斜めに切るようにすると、ねばらずに混ぜられる。盛りつけたあと、上にせん切りにした薄焼き卵をいろどりにのせる。

（話者　三谷一子・三谷音五郎／採録　三谷末子）

香川県大川郡引田町坂元

えびのそぼろずし

材料［米／えび／卵／酢／砂糖／塩］

えびの桃色と卵の黄色がきれいで、遠足などにつくると子どもが喜ぶすしである。

ゆでた小えびの皮をむき、みじん切りにする。これをなべに入れ、砂糖と塩で味をととのえ、ぱらぱらになるまで炒りつける。卵に砂糖と塩を入れ、鮮やかな黄色になるように炒りつける。すし飯は俵状ににぎり、えびのそぼろを全体にまぶし、中央に卵をのせるとできあがりである。

（話者　三谷一子・三谷音五郎／採録　三谷末子）

香川県小豆郡土庄《とのしょう》町小江

はもずし

材料［米／はも／酢／砂糖／塩］

はもは三枚におろし、骨切りにしてを酢に漬けておく。白飯に合わせ酢をして冷ましておき、そこへ酢に漬けた魚だけを混ぜて食べる。

さっぱりしておいしい。

（話者　山本カズエ／採録　港美子）

香川県小豆郡土庄町小江

さわらずし

材料［米／さわら／にんじん／さやえんどう／酢／砂糖／塩］

さわらは流せ網に出る四～六月がしゅんで、春の晴れ食の王さまである。小さなものは「狭腰《さごし》」と呼び、大きくなるとさわらになる。さわら漁に出る前には、親せきの者が船霊さま（船に宿る神霊）へ大漁と安全を祈って酒を一本お供えしてくれる。そのお返しに初漁のさわら一本を配る。麦刈り前には家にもさわらを一本持ち帰るので、主婦は久しぶりに腕をふるってさわらずしをつくる。

さわらを三枚におろし、小口切りにして塩をふって一時間おき、酢に漬けておく。白飯に合わせ酢をして急ぎ冷まし、そこへ酢に漬けたさわらを混ぜる。さっぱりして大変おいしい。にんじんやさや豆などを混ぜるときもある。

さわらはそのほか、刺身、焼きもの、いりつけ、白子の味噌汁、真子のいりつけなどにする。焼いた身をほぐしてさや豆（さやえんどう）と味噌あえにするのもよい。

（話者　山本カズエ／採録　港美子）

ひっかりずし（菜ずし）をつくる

(1) ひき臼で丸麦をひく。
(2) はんぼの中で、飯に梅酢を合わせる。
(3) ゆがいて小口切りした糸水菜を醤油で味つけし、すし飯に加える。
(4) 糸水菜（右）と、皿に盛ったひっかりずし。

香川県香川郡塩江《しおのえ》町上西

ひっかりずし

材料［ひき割り麦／米／梅酢／ゆず酢／大根／にんじん／じゃがいも／糸水菜／醤油／菜種油］

雪に閉じこめられて家の中でむしろを織ったり、炭どら（炭俵）を編んだりの合間につくる麦飯のおすしである。まず、丸麦をひき臼で粗くひき割ったひっかり（ひき割り麦）七に米三の割合で、ひっかり飯を炊く。ひっかりはよまさなくていい（前もって煮なくてよい）のですぐ炊ける。

炊きたてをはんぼ（半切り桶）に移して梅酢と合わせる。梅酢ばかりだと酸っぱいので少し水でのばして、秋にしぼっておいたゆずの酢を少したらしこむ。

具は大根、にんじん、にどいも（じゃがいも）などもとり合わせるが、出合いがいいのは糸水菜である。一升のひっかり飯に四株ほどの糸水菜でちょうどよい。糸水菜はゆでてきざみ、醤油でしっかり味つけして煮る。菜種油を少したらすと味がよくなる。汁気を切って熱いうちに酢飯にさばきこむ。糸水菜が甘く、いろどりもよくおいしい。

ひっかりずしをつくるたびに丸麦をひき割って麦飯を炊くと、色も白く、食べてもそつかない。菜ずしともいう。

（話者　稲毛トクエ／採録　丸山恵子）

香川県綾歌郡綾南《りょうなん》町小野

ばらずし

材料［米／里芋干し茎／里芋／油揚げ／切干し大根／さやいんげん／にんじん／ごぼう／梅酢／醤油］

ばらずしは、ふだんでもたまに晩飯につくる。家族は、今夜はおすしだと聞くと晩飯が楽しみで、仕事もいつもよりはかどる。

お米ばかりでごはんを固めに炊く。具は、切干しだいこ（大根）か、たこ干し（割干し）だいこ、三度豆（赤いいんげん豆）、いぐいも（里芋）、干しずいき（いぐいもの茎）、にんじん、ごぼうなどそのときある野菜を使い、ときにはあぶらげも入れて醤油で炊く。ごはんに梅酢を混ぜ、具を入れて混ぜ合わせる。

たまのおすしで家族は大喜びで、二杯三杯と重ねて食べるので、すしのときは大釜いっぱいにつくる。

巻きずしや押し抜きずしは行事のときつくる。

（話者　岡川ヤスエ／採録　小林千枝子）

香川県綾歌郡綾南町《りょうなん》小野

おからずし

材料［麦飯／おから／油揚げ／大根／にんじん／ごぼう／梅酢／醤油／油］

冬至の豆腐つくりでおからができるので、おからずしをつくる。

麦飯が蒸れたら、梅酢をかけてすし飯をつくっておく。にんじん、ごぼう、だいこ（大根）、あぶらげを油で炒りつけ、醤油を入れ、さらにおからを入れてよく炒りつけて味をとり、すし飯と混ぜ合わす。

おいしい具が入っているわけでもないが、女子衆は少しでも変わったものをと気を配り、たまにおからずしをつくる。

（話者　岡川ヤスエ／採録　小林千枝子）

押し抜きずしをつくる

（香川県三豊郡詫間《たくま》町高谷）

押し抜きずし

材料［米／えび／卵焼き／にんじん／しいたけ／さやえんどう／ごぼう／かんぴょう／酢／赤砂糖／醤油／塩］

法事や秋祭りにつくる押し抜きずしは、高谷半島の名物である。家によって五合枡くらいの大きなものをつくる。

すし飯に、小さく切って醤油と赤砂糖で味をつけたかんぴょうやにんじん、ささがきごぼうなどを混ぜておき、押し抜き型に入れ、やはり同じように甘からく味をつけたしいたけ、薄焼き卵、さやえんどう、えびのおぼろ（大きいのは頭と皮をとる）を形よく上盛りとして並べて押し抜く。

秋祭りのおよばれにはもちろん、法事のお膳にも、この押し抜きずしがつくのを楽しみに、いっけうち（親類縁者）が集まってくる。

すし飯は日もちがするので、宵の日（前日）からもろぶたにいっぱい押し抜いて準備をしておく。

（話者　尾崎ミサ／採録　松田喜代子）

愛媛県上浮穴郡久万《くま》町上直瀬

ばらずし

材料［米／れんこん／にんじん／干ししいたけ／ごぼう／さやいんげん／いりこ／酢／砂糖／醤油／塩］

米一升に対して、酢一合、砂糖茶わん一杯、塩一にぎりと、いりこ一にぎりを分量の酢にかして（浸して）ふやかしてほぐしたものを合わせる。混ぜ具は、ささがきごぼ（ごぼう）一本分、せん切りにんじん一本分、れんこんのいちょう切り半節分などを砂糖と醤油で煮る。干ししいたけ二枚は、もどし汁で甘からく煮てせん切りにする。かき豆（いんげん豆の一種）五勺はもどして甘煮にする。

米を念入りにとぎ、白い水が出なくなるまで洗う。水を控えて固めに炊き、熱いうちにすし木地盆にとり、合わせ酢をかけ、杓子で切り混ぜながらあおぎ、冷やす。手早く混ぜたところへ具を合わせてさっくりと混ぜる。具の煮汁を少し入れて仕あげると、しっとりとした味がつく。

おすしができると、おにぎりをたくさんつくって、おなかをすかしている子ども用に別皿にとっておく。

木地盆の中のばらずしは、漬けて（表面をきっちりと押しつけて）おくと味がなれるので、しばらくおいておく。

この地域では、紋日（祝いの日）や大客（祝いごと）には

ばらずしは欠かせないもので、多くの家で大小のすし木地盆を持っており、大きいものだと米七升が漬けられるものもある。

ほかに、にんじん、しいたけ、ごぼなどの甘煮の芯を入れた巻きずしを巻くと、ごちそうがいちだんとりっぱになる。

（話者　大野サトヱ・大野輝光／採録　山上ユリ子）

（愛媛県宇和島市保田）

丸ずし

材料［おから／あじ、甘鯛、さより、小鯛、かたくちいわし／麻の実／ねぎ／しょうが／酢／砂糖／塩］

米に恵まれなかったこの地域の人たちが、すし飯をにぎるかわりに、すし同様に味つけしたおから（豆腐のしぼりかす。うの花）をにぎり、酢でしめた魚で包んでつくったもの。横から見た姿が丸いのでその名がついたという。宇和海でとれるぜんごあじ、甘鯛、さより、小鯛、ほおたれ（かたくちいわし）など、小魚の生きのよさとしゅんの味を食べる。

小魚は背、腹開きのいずれでもよいが、骨を抜いて水洗いし、薄塩をして一〇分間くらいおく。それを水洗いしてから水気をふきとり、五、六分、酢につける。しぼりたてのおからに酢、砂糖、塩できつめの味つけをし、細ねぎの小口切り、しょうがのみじん切り、炒り麻の実を加えて混ぜる。おからに酢じめの魚をのせて俵の形ににぎり、豊かに鉢盛にする。

おからをきらずともいう。料理をするとき包丁で切る必要がないからである。結婚式の祝膳には花嫁の母親の手づくりで加えられる。縁を切らず……の縁起料理である。

（話者　三好クスエ／採録　秋田忠俊）

**新鮮な魚や季節の素材を楽しむ
ちらしずし**

愛媛県越智郡玉川町鈍川

ちらしずし

材料［米／さわら、鯛、えび、はも／かんぴょう／凍み豆腐／れんこん／しいたけ／さやえんどう／にんじん／卵焼き／あなご／紅しょうが／のり／おから／ふき／たけのこ／木の芽／まつたけ／酢／砂糖／醤油／塩］

晴れの日に必ずつくるのがちらしで、瀬戸内海の新鮮な魚類を入れる。しかし取材地の鈍川《にぶかわ》村では手に入れにくいので、今治に買いに出かけたり、今治から天びん棒でかついで売りに来るのを買い求めたりする。春のちらしずし用には、さわらや鯛、えびが、秋のすしには、はもがよく使われる。これらの魚は酢でしめて、すし飯に混ぜるか、上にのせる。

材料はそのほか、干しかんぴょう、高野豆腐、れんこん、しいたけ、さやえんどう、にんじん、卵焼き、あなごのつけ焼き、紅しょうが、のり、おからでつくるそぼろなど。ふき、たけのこ、木の芽、まつたけなど香り高い季節のものも用いる。野菜は一緒に炊いて砂糖、塩、醤油で味をつけ、すし飯に混ぜ合わせる。しいたけの甘煮やさやえんどうの塩ゆで、金糸卵、そぼろなどは色とりどりにすしの上に飾る。

合わせ酢の割合は家々によって多少異なるが、一般に米一升に酢一合、砂糖を茶わんに二、三杯、塩軽く一にぎりである。

（話者 藤山チトヱ・藤山渉／採録 薦田道子）

大きいのはさばずし、小さいのがうるめずし　脂ののった、大きなさばの姿ずしは、なんぞごと（行事や祝い事）の日のごちそうである。

（高知県南国市下末松）

姿ずし

材料〔米／さば、甘鯛、ひめじ／酢／塩〕

神祭や婚礼などのお客ごとに並べる皿鉢には、必ず姿ずしを盛る。

さばの姿ずしはたくさんつくる。甘鯛は赤もんといわれ上等であるが、これも少しはつくる。

魚は背開きにして、中おち（中骨）をとる。大きいものは二、三〇〇匁もあるから、出刃を使いこなせる男にやってもらう。塩をきかし、酢でしめる。これに女が飯を詰め、姿なりにまとめ、もろぶたに並べる。切りこんで盛りつけるとき、頭と尾を立てるから、威勢のいい姿になって、料理がはでに見える。そのうえ、魚の身がたっぷりとついて酢のきいたすしは、上戸にも下戸にも喜ばれる。

宴が果てたあとには、頭としっぽが残っている。あくる日は、「残」（うらつけともいう）といって、泊まり客の飲みなおしの宴があるが、そのとき、これを焼きながら、また一杯やる。

ひめいち（ひめじ）という皮の赤い小魚の姿ずしは、ふだんにもつくる。

（話者　棚野薫／採録　松崎淳子）

つわぶきの葉をのせて押したつわずし

高知県土佐清水市戒町

つわずし

材料［米／つわぶきの葉／酢］

色つやのよいつわぶきの葉を裏がえして敷き、その上にもぶりずしやいおずし（姿ずし）の飯を盛り、それにつわぶきの葉の表を上にして覆い、押し抜いたもの。

短冊形や三角に切るが、二寸ほどのすしの厚さの両側に濃い緑色のつわぶきの葉がういういしい。手にとっても、直接米粒にふれることがないので清潔である。また時がすぎれば、つわぶきの葉に酢がしみて色が変わることから、新鮮さが見た目でわかり、安心して食べられ、人にすすめることができる。上部だけにつわぶきの葉をつけたものもある。

このつわずしは、昔からこのあたりの伊佐、松尾、窪津、津呂の四部落だけでつくられてきたすしである。いつのころ、どんないわれでつくられはじめたかはわからない。しかし、足摺岬には古刹金剛福寺があり、そこを訪れる回国聖、修験者、遍路さんたちに食べものを接待するならわしがあるので、このあたりに自生するつわぶきの葉にくるんで、すしを接待した名残りなのかもしれない。つわずしは、年間を通じ、濃い緑色をしたつわぶきの葉が茂る岬の味覚でもある。

（採録　吉村馬与・吉村鹿恵／採録　中山進）

（高知県南国市下末松）

こぶずし

材料［米／こんぶ／酢／砂糖／塩］

白い甘い板こぶのすしもお客の楽しみの一つである。甘酢っぱく煮あげた幅四、五寸、長さ六、七寸のこぶにすし飯を五分ぐらいの厚みに広げる。芯は入れずに両褄を折りこんで、平たくたたむ。こぶが高価なので多くはつくらないが、皿鉢の枚数が多くなると、品数をふやすのにつくる。今日はこぶずしがあるといって、年寄りは喜ぶ。

（話者　棚野薫／採録　松崎淳子）

高知県高岡郡佐川町荷稲

魚ずし

材料［米／たちうお、あじ、さば／しょうが／ごま／なんてんの葉／酢／塩］

佐川では、ひと山越えた須崎から、とりだち（とりたて）の魚が運ばれてくる。すしにする魚は、たちうお、あじ、さばなどである。皿鉢料理をつくるのは男で、この日のためにとっておきの包丁、まないたを出して腕を振るう。

魚を三枚におろし、塩をたっぷりふって一晩おき、翌日酢でしめ、小骨を抜く。あつあつの白飯をはんぼに移し、魚をしめた酢と、きざんだしょうが、炒りごまを入れて混ぜる。ぬれぶきんの上に半身のままの魚を皮の部分が外になるようにして置き、その上にすし飯をのせて棒状に形をととのえる。たちうおだけは魚の身をかいさま（裏返し）に使う。これを食べやすい大きさに切って皿鉢に盛る。盛りつけ方は、皿鉢になんてんの葉を広げ、その上に魚ずしを一並べごとに頭のほうと尾のほうが交互になるように盛る。よそでは、魚のすしは皿鉢の組みものの中へ盛りこむが、佐川では魚ずしだけの皿鉢をつくる。

この魚ずしは男がつくらないと味がしまらない。

（話者　上田利勝・上田茂子／採録　関田和子）

こけらずしつくり

(1) すし飯と具を1寸厚さに4段重ねたあと、木のふたをして石臼をのせる。
(2) 翌日重石をとり除く。すし飯といろどりよく並べた具がしっとりとなじんでいる。
(3) 型からとり出し、切り分ける。

高知県室戸市

こけらずし

材料［米／さば／ひじき／のり／卵焼き／凍み豆腐／酢／砂糖／塩］

この地方の客ごとに必ずつくられるすしである。一釜の飯を一つの押し抜き型で押すという豪勢なすしで、型には五合、一升、二升、三升、五升とある。大きなお客のときは、飯が炊きあがっては押し、また炊いては押しという忙しさで、前日から用意する。

飯の火がきれるころ、おろしたさばの身を飯の上にのせる。飯の炊きあがりと同時にさばが煮えるから、身をほぐして酢につける。この身はしぼってとり出し、すし飯には入れないが、酢は濁ってだしが出ている。「酢を濁す」といって、こけらに限らず、すし飯の味つけは必ずこの方法である。

押しぬき型に一寸厚さにすし飯を詰め、上に卵焼き、高野豆腐の甘煮、ひじき、ひのり（紅に着色したのり）などで好きな模様を描き、板をのせる。これを三～五段に重ね、木のふたをして石臼で重石をする。翌日とり出して棹（棒状）に切り、さらに切っていく。皿鉢に盛るばかりでなく、おみやげやお返しとして使う。この場合は棹のまま使う。

（話者　小笠原久喜／採録　松崎淳子）

型ずしと、その木型

福岡県筑紫野市原

型ずし

材料［米／にんじん／ごぼう／しいたけ／油揚げ／卵／でんぶ／さんしょうの葉／酢／砂糖／醤油／塩］

すし飯は、白米だけをふつうの水加減より少なめにして炊き、すし桶にとり、酢、砂糖、塩少々で味をつける。

にんじん、ごぼう、しいたけ、油揚げなどを小さくきざみ、砂糖、醤油で味をつけ、すし飯でくるみ、丸くして型に入れる。

型は木型で、梅鉢、扇、松の形がくりぬいてある。下に押し出し、上にゆで卵の黄身を裏ごししたもの、そぼろ（さくらでんぶ）を一面におき、さんしょうの葉をまん中に飾る。並べると黄色、桃色、緑で色もきれいだし、形も美しいので、とても喜ばれる。

（話者　森木金雄・森木シズエ／採録　森弘子）

福岡県嘉穂郡筑穂町内野

柿の葉ずし

材料［米／柿の葉／鶏肉／にんじん／しいたけ／ごぼう／しいら／えび／でんぶ／卵焼き／酢／砂糖／塩］

秋の日ざしに色づいた柿の葉がひときわ美しく映えるころ、豊作を氏神さまに感謝し、村中で祝うおくんちが行なわれる。このときのおごっそうとして、柿の葉ずしが必ずつくられる。

まず、いろどりの美しい柿の葉を洗ってふいておく。すし飯は米と水を同量で炊く。合わせ酢は米一升に酢一合強、砂糖を茶わん一杯、塩を軽く一にぎり合わせる。

具には、にんじん、しいたけ、ごんぼう、鶏などを使う。これらを小さくそぎ切りにして、砂糖と塩で味つけして煮る。すし飯の中に具を混ぜて小さくにぎり、その上にくまびき（しいら）の酢じめや、川からすくってきたえびんちょ（小さなえび）、買ってきた赤や青のでんぶなどをいろどりよくおき、柿の葉でくるむ。上に錦糸卵などを飾った柿の葉ずしをつくることもある。

柿の葉ずしは豆腐枠や醤油舟に詰めて、一晩押しをかける。皿に盛られた青や赤、黄ばんだ色の柿の葉ずしからは、秋の味と香りが伝わってくる。すしと酢じめの魚を柿の葉にく

るんでいるから腐りにくく、日もちがよい。
おくんちまいりのお客人には、もちと柿の葉ずしを竹の皮に包んでみやげにことづける。

（話者　大庭ウメノ／採録　藤真基子・丸本聰子）

（福岡県三井郡北野町上弓削）

かますずし

材料［米／かます、さば／酢／砂糖／塩］

氏神さまの秋祭りのときは、親せきを家に招き、かますずしをつくって接待する。しかし、かますは高いため、家によっては、さばずしにするところもある。

かますずしは、かますを背開きにして一時間くらい塩をし、そのあと塩を落として一晩酢につけ、次の日酢飯を包む。形が大きくて落ちつかないので、桶に入れてふきんで固く包み、一晩くらいおさえておく。翌日包丁で切って皿に盛る。三日がかりでつくるが、酢飯と魚の味がなじんでおいしい。

（話者　北野町上弓削のお年寄り／採録　山本弌子・林田勝子）

佐賀県東松浦郡鎮西《ちんぜい》町波戸

ばらずし

材料［米／ぶり、鯛、いさき、あじ／のり／紅しょうが／酢／砂糖／塩］

春から夏にかけては、すしの季節である。ぶり、いっさき（いさき）、鯛、あじなど、脂の少ない釣りたての魚で刺身をつくり、酢、砂糖、塩少々につけこんでおく。

白飯を炊き、米一升に対し一合の酢に塩少々入れたつけ酢で酢飯をつくる。魚は半分を混ぜこみ、残りは、すしを皿に盛ってから、紅しょうがやのりとともに飾る。

（話者　山下福芳／採録　於保文子）

長崎県大村市田下郷

大村ずし

材料　［米／ごぼう／しいたけ／かんぴょう／ふき／たけのこ／ゆで干し大根／めじな／くろだい／あかむつ／きす／おぼろ／卵焼き／酢／砂糖／醤油／塩／食紅］

大村は後ろに多良岳、前に大村湾をひかえ、米はもちろん、野菜、魚も豊富なところである。

今から約四五〇年前、大村藩主の復帰を喜んで、食器もそろわぬまま、もち搗きのときなどに使うもろふた（長方形の浅い木箱）に押しずしをつくって労をねぎらったのが始まりという。このごろでも、旧大村領内では、なにかというと押しずしをつくる習慣が残っている。

すし飯をもろふたに入れ、煮た野菜、酢でしめた新鮮な魚、卵を焼いて錦糸にしたものなどを上にのせ、ふたをする。たくさんつくる場合は途中にしきり板をのせ、何段も重ねる。こうなると人が乗らないと押しがきかない。女は汚れるといって、一家の主人を座らせたり、子どもをのっけたりする。昔、身分の高い方に差しあげるときは、大皿にのせて手でたたきながら、押しをしたという。ふだんは大切にしている米と白砂糖をたっぷり使い、酒などを加えるといちだんとうまい。

大村の家々には昔から使っているもろふたや、特別にあつらえた枠があり、すしのつくり方も、母から娘へ、姑から嫁へと伝えられている。祝儀、お寺の行事、仕事の区切りがついたときなどに必ずつくり、近所にも配る。

つくり方は、まず米一升に塩ひとつまみ入れ、水は少しひかえめに炊く。

合わせ酢は、塩をさかずき一杯、酢と砂糖をそれぞれごはん茶わん一杯。すし桶に移して広げたごはんに、合わせ酢をふりかけて混ぜるが、合わせ酢は少し残す。

ごぼうはささがきにし、しいたけ、かんぴょうはもどして、それぞれ砂糖と醤油で下煮しておく。春なら、野菜はふき、たけのこが一番だ。かんぴょうは、家でとれたゆうごう（ゆうがお）をむいて干したものを使うが、なければ、かんころ大根（ゆで干し大根）を使うとよい。

魚はくろいお（めじな）、ちぬ（くろだい）、あかむつ、きすなどを塩をして酢でしめたもの、また身をゆでてほぐし、砂糖を入れて炒りつけ、食紅で少し色つけしてつくったおぼろなどを上に飾り、錦糸卵を散らすと、色あいといい味といい、立派なごちそうである。

もろふた、枠は水でしめらせ、水気をふいたあと、あらためて酢でぬらす。

まず、すし飯をすみずみまできちんと入れて一様に広げ、具の一部を散らし、また飯をのせてその上に具をのせ、合わせ酢の残りと、さらに砂糖を茶わん一杯ほどふりかける。この砂糖は好みで加減してよいが、だれでも思いきってたくさん使う。砂糖をふりかけると、飯も具もつやが出てくるし、保ちもよい。

最後に、家伝の包丁で縦横にすぱっと切って仕上げる。味、押し方はもちろん、最後の切り方が見栄えをきめるので、その家の主人がじきじきに腕をみせることもある。

客を呼んだとき、遠慮する客の皿に肩ごしに、しゃもじにのせたすしをぽいと入れるのを「投げずし」という。投げてもくずれないのが自慢なのである。

（話者　井本フキエ／採録　井上寿子）

長崎県佐世保市野崎町

押しずし

材料［米／干ししいたけ／ごぼう／にんじん／切干し大根／いしもち／べら／あじ／貝／さんしょう／卵焼き／でんぶ／酢／三温糖／塩］

すし、ぼたもち、そばはこの地域の一番のごちそうで、祭りや結婚式、子どもの初節句にはもちろんのこと、農作業の一段落のときなどにもつくる。ことに春から夏にかけては押しずしの季節である。

具は村に一軒ある店で買った干ししいたけ、前畑から抜きとったごんぼ（ごぼう）やにんじん、干し大根などの野菜類に、近くで釣れるいしもち、くさび（べら）、あじなどの小魚を素焼きにしてほぐし入れ、甘辛く煮る。すし飯は、煮砂糖（三温糖）でたっぷりと甘みをきかせる。押しずしをつくるとき、末広や長方形（一寸五分×二寸くらい）のすし型を用いる（角ずし）か、もろぶた（木のもち箱）一面に押して四角に切って使うか、人によってさまざまである。

まず、すし飯を詰め、中間に具を厚めに入れて、さらに飯を重ねる。上飾りには、春は海岸でとれるいわまて（貝の一種）やみな（にな）の甘辛煮とさんしゅう（さんしょう）を、初夏からは薄焼き卵のせん切りに白身の魚でつくったおぼろを使う。上飾りをのせた上から棚板や押し板で押しをする。

大村地区の華やかな上飾りと異なり、このあたりのものは清楚である。

上飾り用の卵は、どこの家でも飼っている三、四羽の鶏が産んだものである。ふだんは一〇日に一回くらいの割で買いに来る部落の年寄りに売るが、すしをつくるときや遠足などの行事のときには自家用にも使う。薄く焼いて細く切った卵は、子どもにとっては美しい宝もののようで、手でさわったりしてよくおごられる（しかられる）。

すしは、どちらかといえば仏事よりは祝い日につくることが多い。どこの家でももろぶた数枚分とたくさんつくり、親類縁者や近所に配る。お互いに味を比べ合ったりもし、小さいころからの楽しい思い出がいっぱいある。つくり方（つくる人）もうれしい気持で張り切ってつくることが多い。

（話者　中里サヨ子／採録　大坪藤代）

熊本県八代市岡町谷川

吉野ずし

材料［おから／いわし、このしろ／ねぎ／にんじん／しょうが／酢／砂糖／塩］

正月や祝いごとのときにつくられるすしで、すし飯のかわりにきらず（おから）を使ったものである。

魚はいわしかこのしろを使い、三枚におろして薄塩をしておく。これをしばらく酢につけ、皮をはぐ。きらずは、小さくきざんだにんじんやしょうが、ねぎとともにから煎りし、酢、砂糖、塩で味つけして、冷ましておく。これを魚の幅に合わせて俵形に丸め、魚で巻く。

（話者　福島フミ／採録　吉田美智代）

熊本県天草郡苓北町《れいほく》坂瀬川

さばずし

材料［米／さば、塩さば／ごぼう／しょうが／酢／砂糖／醤油／塩］

村祭りのほか、混ぜ飯と同様に、ことのあるときにはよくつくる。野菜は入れず、近海でとれるさばをたっぷりと使ったものが上等である。ぶえん（生）のさばが手に入らないときは、塩さばなどで代用することもある。

さばは米一升分に二ひきくらい用意する。三枚におろし、たっぷりの塩をあて、十分しめてから酢洗いする。これを小口から薄切りにし、酢一合、砂糖五勺、塩一つまみ、醤油としょうが汁少々につけておく。

固めに炊いたごはんをすし桶にとり、人肌くらいに冷めたら、魚を酢ごと加えてよく混ぜ、味をなじませる。

塩さばを代用するときや新ごぼうのできたときなどは、ごぼうをささがきにして薄く塩で下味をつけたものを少量入れることもあるが、野菜などあまり入れないのが一つのふるまいである。

（話者　錦戸モセ／採録　豊永京子）

大分県南海部郡鶴見町有明浦

丸ずし

材料［米／あじ、かます、いわし、さば／しその葉／こんぶ／酢／酒／砂糖／塩］

姿ずし、包みずしともいう。あじ、かます、いわし、さばなどの鮮度のよいものを使う。えらをとり、頭をつけたまま背開きにして骨や内臓をとり除き、水でさっと洗い、塩をたっぷりふって一晩ぐらいおく。魚の身がしまったら、水洗いしながら塩抜きをして、小骨をきれいに抜きとる。次に魚を酢で洗ったあと、調味酢（酢、だしこぶ、酒少々、好みで砂糖）に数時間漬けこむ。

すし飯をつくり、魚の大きさに合わせてにぎり、魚で包む。魚の背の開いたところに、青じそか赤じその葉を巻いたりはさんだりする。この丸ずしを、水で洗って固くしぼったふきんで包み、形をととのえるときれいにできる。

赤じそは一年中使えるように、五月の下旬ごろ、きれいな葉を選んで梅酢に漬けておく。

丸ずしはすぐ食べるより、いっときおいておくと味がなじんでおいしい。できあがったものを押しずし箱に並べてふたをし、上から重石をのせて半日くらいおくこともある。小さいものはそのまま食べ、大きいのは魚の姿をこわさないよう

に、包丁で切り目を入れて鉢に盛る。
　尾頭つきの丸ずしは漁師にとって縁起をかつぐ意味もあり、祝いの席に欠かせない一品である。魚やごはんに酢を使うから三〜五日くらいは保存できる。生魚とは違った味を引き出す漁村の生活の知恵でもある。

（話者　須山冨士江・須山喜久夫／採録　稲村節子）

大分県南海部郡鶴見町有明浦

巻きずし

材料［米／卵焼き／大根葉／にんじん／干ししいたけ／かんぴょう／でんぶ／のり／酢／砂糖／塩］

白飯を固めに炊く。酢、塩、砂糖の合わせ酢を小なべで温めて、砂糖と塩をよく溶かしておき、熱いごはんに混ぜ合わせ、うちわで強くあおぎ、ごはんを冷ます。

芯にする具をつくる。白身の魚でそぼろをつくっておく。干ししいたけは水でもどしてゆで、砂糖と醤油同量で含め煮して、太めのせん切りにする。かんぴょうは水にぬらして塩でもみ、洗ってのりの長さに切り、やわらかくゆで、砂糖と醤油同量で含め煮する。卵は割りほぐし、だし汁と砂糖、塩で調味して厚焼き卵をつくり、三分幅に切る。青みに、大根の葉や菜っぱを塩ゆでにする。にんじんは三分角の棒状に切り、ひたひたの水に砂糖、塩を加え、汁気がなくなるまで煮る。

巻きすの上にのりを置き、手前側三分、向こう側七分ほど残してすし飯を平らに広げる。手前三分の一ぐらいのところに、具をいろどりよく並べてしっかり巻き、巻き終わりを下側にして、なじむまでしばらくおく。一本を八切れに切って盛る。晴れの日や行事のときのごっそう（ごちそう）である。

（話者　須山冨士江・須山喜久夫／採録　稲村節子）

大分県日田市清岸寺

さばずし

材料［米／さば、塩さば／こんぶ／酢／砂糖／塩］

おくんち（秋祭り）には、しめさば入りのぬたえ（酢味噌あえ）やがめ煮（鶏肉入りの根菜類の煮もの）とともに欠かせない料理である。

生のさばを背開きにして中骨、腹骨、内臓をとり、頭と尾はそのままにして水洗いし、たっぷり塩をふって半日くらいおく。さっと水洗いし、だしこぶを敷いてさばを並べ、酢につけて一晩おく。

白ごはんを炊いて、酢、塩、砂糖の合わせ酢を混ぜ、冷ましておく。これを軽くにぎってさばの両身にはさむように詰め、形をととのえる。三〇分から一時間ほどおいてから、適当な大きさに切って盛りつける。時間をおいたほうが味がなじんでおいしいので、一晩おくこともある。

さばずしは塩さばでもつくる。このときは、塩さばを水に三〇分くらいつけて塩抜きしたものを酢でしめる。

（話者　栗山キリ／採録　後藤伸子）

大分県宇佐市赤尾

いわしの丸ずし

材料［米／いわし／酢／砂糖／塩］

いわしは日ごろから、豊前の海から振り売りのおばさんが持ってくるのをよく買うが、五月五日の節句や祭りなどにはいわしの丸ずしをつくる。いわしの生きのいいものが手に入れば、ふだんでもつくることもある。

前の日に、買ったいわしの頭をとり、はらわたを出して、開いたまま一晩塩をしておく。翌朝、水でよく洗い、砂糖を入れた酢に一、二時間つける。頭はとらずに使うこともある。

米を炊き、いわしをつけておいた甘酢を合わせて酢飯をつくる。開いたいわしの身側を上にして置き、酢飯を腹に詰めるようにのせ、いわしを上に向け直して形をととのえる。食べるときに適当な大きさに切る。

（話者　樋口ヒサ子／採録　原田シゲミ）

五目ずしをつくる

大分県東国東郡国東町《くにさき》下成仏

五目ずし

材料［米／にんじん／たけのこ／ごぼう／酢／砂糖／醤油／塩］

にんじん、ごんぼ（ごぼう）、たけのこなど、そのときどきの野菜を具に五目ずしをつくる。行事のときや晴れの日のごっそうである。適当な大きさに切った具を煮て、醤油で味つけしておき、酢飯に混ぜるだけでできる。

田植えどきのこびり（小昼＝おやつ）には大きなおにぎりにし、ふたつきの飯じょうけ（持ち手のついた竹かご）やもろぶた（長方形の浅い木箱）に入れ、田んぼのあぜ道まで運ぶ。青空の下、働いたあとの五目ずしのおにぎりは何よりのこびりである。

（話者　溝部ユキエ／採録　清末雅子）

魚ずしと、すしを押す木型　皿の中：〔向こう側左から〕あじずし、いわしずし。〔手前〕さばずし

（宮崎県延岡市野地町）

魚ずし

材料［米／さば／あじ／いわし／紅しょうが／酢／塩］

冬祭りには必ずつくるごちそうである。魚は、さば、あじ、いわしの三種である。

さば、あじは背開きに、いわしは腹開きにし、塩でしっかりしめる。一、二日塩をしていてもよい。

このあと、水で洗い流しながら小骨をとり塩をぬいて、酢につけこむ。赤いところがないように中まで酢で殺す（しめる）。一晩酢につけておいてもよい。

ごはんの熱いうちに、塩と酢を合わせたものを混ぜる。魚をつけておいた酢を使うと味がでる。魚ずしのごはんには砂糖は入れない。さばやあじの大きさに合わせてごはんをにぎり、上に魚をのせて姿よくととのえる。木箱に並べて重石をしておくと形がくずれない。一晩くらい押したらとり出し、紅しょうがをのせてできあがりとなる。

いわしずしは、ごはんを俵形ににぎり、ぐるりと巻くので、身の薄い小さめのひらご（真いわし）がよい。家族みんなが喜ぶおすしである。

（話者　田中カク・田中為久／採録　村上貞子）

鹿児島県鹿児島市城山

混ぜずし

材料［米／ごぼう／にんじん／しいたけ／切干し大根／かまぼこ／たけのこ／ふき／のり／卵焼き／酢／砂糖／醤油／酒／塩］

混ぜずしは家族全員の好物で、話者の春田家ではよくつくる。

具は、ごぼう、にんじん、しいたけ、干し大根、かまぼこ、それに春ならば、たけのこやふきも使う。ごぼう、にんじん、しいたけ、干し大根、たけのこは、砂糖、薄口醤油、地酒で甘からく煮る。ふきは塩ゆでして色をきれいにしておく。かまぼこはさっと湯通しする。

酢飯をつくり、具を混ぜこむ。仕あげに薄焼き卵のせん切りと、のりをたっぷりふりかける。

甘みの強い、お酢の弱い混ぜずしをみなが好む。

（話者　春田萩乃・春田修三／採録　兒玉昌子）

鹿児島県姶良郡栗野町恒次

混ぜごはん

材料［米／油揚げ／鶏肉／季節の野菜／油脂／酢／砂糖／塩］

混ぜごはん（ちらしずし）は行事のときつくる。具は季節の野菜に揚げおかべ（油揚げ）、かしわを細かくきざみ、油で炒め、甘からく味つけをして煮る。

炊きあげたごはんはもろぶた（長方形の浅い木の箱）にうつし、酢と砂糖と塩で味つけしてから具を入れて混ぜる。

混ぜごはんのときは近所にも配るので多めにつくり、次の食事までも残ればまた喜んで食べる。

（話者　橋口フサヱ／採録　村岡多津）

なれずし

漬け込む魚をごはんや米こうじで乳酸発酵させて自然のうまみを引き出したのがなれずし。すしの原形にちかいすしです（つくり方・かたち別に分類した索引が巻末にあります）。

2

3

北海道厚岸郡浜中町榊町

ますの飯ずし

材料［ます／米／米こうじ／大根／にんじん／しょうが／キャベツ／酒／砂糖／塩］

春にとれたますにたっぷり塩をかけ、樽に入れて重石をすると、どぶ漬ができる。魚から水分が上がるが、その汁はそのままにして、魚がつかった状態にしておく。このまま一夏を越して、秋口に飯ずしに漬けこむ。漬けこむ三、四日くらい前から、きれいな水を朝夕とりかえながら水出しをする。こうすると、塩分とともに、皮についているぬるぬる（脂気）もとれて扱いやすくなるし、味もよくなる。それがすんだら食べやすい大きさに切っておく。

野菜は、大根、キャベツは食べやすい大きさに切り、にんじん、生しょうがはせん切りにする。にんじんは切った後、熱湯にくぐらせると、特有のくさみが抜ける（生のまま漬けこむこともあるが）。

ごはんは、ふつうよりやや固めに炊き、冷めてから、酒と砂糖を入れて、ぱらぱらにしておく。

二斗樽を用意し、一番下に野菜類を敷き、その上にますを並べる。このとき、砂糖を酒で溶かした汁を手につけて魚をおさえる。次にごはんとこうじをのせ、さらに野菜をのせ、

ますの飯ずしをつくる

(1) 二斗樽を用意し、まず大根、にんじん、キャベツを食べやすい大きさに切り、せん切りの生しょうがを加えて敷く。野菜をたっぷり使う。
(2) 一夏をこさせたますのどぶ漬けを水出しして適当な大きさに切り、野菜の上に並べる。砂糖を酒で溶かした汁を手でふりかけながらおさえ、よくしませる。
(3) やや固めに炊き、酒と砂糖を入れてぱらぱらにしておいたごはんとこうじを、(2)の上にのせる。樽いっぱいになるまでこれをくり返し、最後に押しぶたをして重石をかける。

1

という順で樽にいっぱいになるまでくり返し、漬け終わりに押しぶたをする。酢はほとんど使わない。一日くらいは重石をしないでおき、その後、材料の二倍くらいの重さの重石をかけて、その上をきれいな小包紙などで覆い、二〇日から一か月おく。食べる一日ほど前に逆おせ（樽を逆さまにして水気をきる）をし、水分をすてる。

（話者　藤井スエ／採録　小笠原智恵子）

青森県弘前市常盤坂

ほっけのすし

材料［ほっけ／みりん／米こうじ／とうがらし／しょうが／酢／塩］

初夏のりんごの袋がけのころと、秋の袋はぎの季節に食べるように、ほっけの早漬とおそ漬をつくっておく。おそ漬の分は、ほっけをよく干す。

あぶが飛んでこないうちに、四月中旬に、ほっけを魚箱（三一〜三三びき入り）で買いつける。尾をつけたまま二枚におろし、塩水に一日漬けて魚の脂焼けを防ぐ。それを軒下にまるまる一週間ほど下げて干す。からからに乾く直前に外して、酢水に一時間ぐらい漬ける。

米こうじ、しょうが、赤なんばん（赤とうがらし）、酢とみりんの合わせ酢、塩を準備する。漬け樽に塩をさっと敷き、ほっけの身を上にして平らに並べ、きざみしょうが、赤なんばんを入れ、こうじをふり、合わせ酢をかける。それを何回かくり返し、重石をかけて漬けこむ。

（話者　小山内ヒサ／採録　高橋みちよ）

青森県弘前市常盤坂

鮭の飯ずし

材料［鮭／もち米／とうがらし／たけのこ／しょうが／笹の葉／酢／塩］

山々を雪が見舞うころになると、日数のいる正月料理の準備にかかる。紅鮭の飯ずしはますずしと違って、昔は大家でしかつくられなかったごちそうである。

三枚におろした鮭を、三分ほどの厚さにそいで切る。中骨、頭なども適当な大きさに切る。次にたっぷりと酢をかけ、ときどきひっくり返しながら一昼夜酢じめにする。

漬けこむ日にもち米をやわらかく炊いて、すし飯をつくる。飯ずし容器の底に簀の子板を置き、笹の葉を表を上にして敷く。塩少々、薄切りのたけのこ（ねまがりだけ）を並べ、きざんだ赤なんばん（赤とうがらし）としょうがをふり、その上に鮭を並べる。炊いたもち米をその上にさっとちらし、同じように具を敷き、これを交互にくり返す。最後にすし飯をのせ、笹の葉で覆い、ふたをして重石をかける。冷たい場所に三〇日くらい置いてなれさせる。

（話者　小山内ヒサ／採録　高橋みちよ）

青森県上北郡七戸町《しちのへ》野佐掛

すし漬

材料［いわし、たら、にしん、いわな、やまめ／あわ飯／にんじん／笹の葉／酢］

たら、にしん、いわし、いわな、やまめなどの魚をすし漬にする。

たらは頭と尾をとって丸切りにし、水につけ、あか水（血などで濁った水）をとってからざるに上げて水を切る。あわ飯とにんじん、酢を入れて漬ける。漬けてから一か月くらいして食べはじめる。

にしんの場合には、生にしんの頭とわたをとり、四つか五つに切ったものを二日水につけて水洗いして使うか、背びれをつけた一本のままの身欠きにしんを、米のとぎ汁でもどしたものを使う。いずれも、あわ飯をにしんがかくれるくらい入れる。これは祝儀でもある家では、前もってたくさんつくっておく。

いわしの場合には、雪が消えるころに入るいわしを使う。これを五月の田植えどきに食べさせようと、すし漬にする。いわしは、わたをとって水につけ、あか水をとってから使う。切らずに、飯、にんじん、酢で漬ける。笹の葉をすし桶の底や中ほど、さらに上に並べると長もちする。

いわしずしの貯蔵のしかた

(1) 土穴を掘り、木箱を埋め、わらを敷く。
(2) 木箱に、いわしずしの桶を入れ、重石をのせる。
(3) むしろで覆い、土をかぶせて貯蔵する。

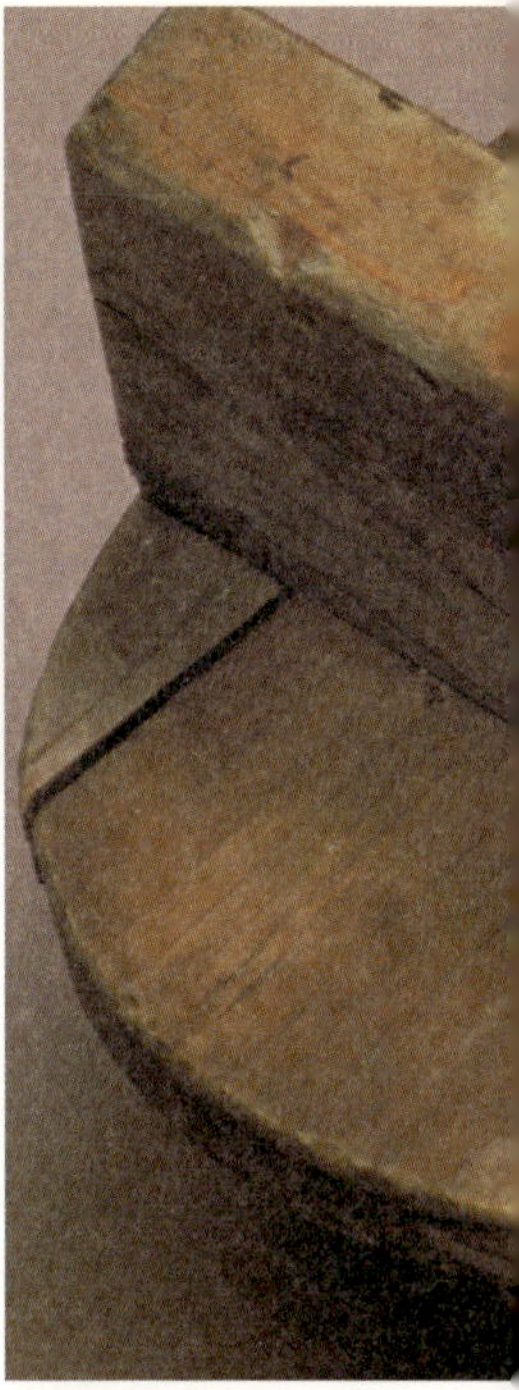

漬けこんだいわしずし

これは「五月」（農繁期）に食べるためのものなので、土穴を掘って貯蔵する。その方法は、まず穴を掘り木箱を入れ、わらを敷く。そしてすし桶を入れ、むしろで覆い、土をかぶせる。五月に掘り出すと、その後はいたみが早いので、すぐ食べるようにする。掘らずにそのままおくと五月すぎまで貯蔵できる。

（話者 浦田オヨ・浦田市助／採録 小熊健）

青森県東津軽郡平舘《たいらだて》村野田

いわしのすし

材料［いわし／米／とうがらし／笹の葉／酢／酒／塩］

いわしのすしは、春と秋に漬ける。秋に漬けるすしは、焼き干し用のいわしの中から、中羽いわしを選んで漬ける。

とれたてのいわしは頭と内臓をとり、塩で押しておく。しょっぱめに押しておけば、いつでもすしがつくれる。四、五日水だしして赤水（塩漬のいわしからしみ出る色のついた水）をとり、ざるで水切りをする。

飯を炊いて、熱いうちに赤なんばん（赤とうがらし）の輪切りを加え、冷めたら酒を加える。酒を入れると飯がぱらぱらになり、魚にまんべんなくふりかけられる。

すし桶に飯を敷き、いわしを並べて入れ、塩をぱらぱらふってから、酢にひたした手で押し、飯をいわしが見えなくなるくらいにふりかけ、いわしと飯を交互にして漬ける。

一番上には飯も多めにふりこみ、笹の葉できっちり覆ってふたをするが、重石はいくらでも重いほうがよい。四回くらいたまった液をすてる。すしは、四〇日たたねば食えない。

（話者　前田サクラ／採録　村上ウメ子）

青森県東津軽郡平舘村野田

やりいかのすし

材料［やりいか／米／とうがらし／塩］

三月から六月ごろにかけてとれるやりいかは、すしに漬けて田植えに食べさせるごちそうにする。

すしのつくり方は、まず、いかのわたと足をとってゆでる。ゆで汁を冷まし、その中にゆでたいかを入れて皮をむくと、きれいにとれる。いかの胴の水気をふきとり、その中に飯と塩、輪切りなんばん（とうがらし）を混ぜた具を詰め、最後にいかの足をきっちりと押しこみ、口を閉じてすし桶に並べる。

いかに塩をふり、飯をぱらぱらとふってはまたいかをのせて、漬けこむ。重石は重いほどよい。上にたまった水は、四回くらいすてる。

やりいかのすしは身がやわらかでおいしく、田植えどきの楽しみなごちそうである。食べる一か月くらい前に漬けておく。

（話者　前田サクラ／採録　村上ウメ子）

（岩手県和賀郡沢内村・湯田町）

かどのすし漬

材料［にしん／米／米こうじ／ほおの葉／笹の葉／さんしょうの葉／酢／塩］

春先、五月ごろにはかど（にしん）が大量に出回るので、田植え用のすし漬がつくられる。

漬ける容器は、すし漬樽といって丸または小判形のふたつきの専用樽で、どの家でも四、五個はもっている。

一回につくる量としては、かどが二五～三〇本くらい。それに、一升のごはん、同量のこうじ、茶わん山盛り一杯の塩で漬け床を用意する。かどは、斜めにぶつ切りにし、少々の塩と酢をふりかけて二晩ほど下漬けする。ごはんとこうじを混ぜて一晩おいて、これに塩をいくらか塩からいていどに入れて混ぜ合わせる。樽にごはんを敷き、その上にかど、ごはん、かど、と交互にきっちり並べ、最後にさんしょうの葉や笹の葉、朴の葉などを敷きつめて重石をしておく。

ごはんとかどの間に、さんしょうの葉や笹の葉を敷いて漬ける人もある。笹の葉は腐敗防止を考えてのことである。

漬け込んでから一〇日ほどで食べごろになる。六月十日ごろからの田植えの期間ずっと食べられるように準備する。

（採録　雨宮長昭）

切りずし

一ぴきずし

すしはたはたをとりだす

漬けこんで1か月半もするとおいしくなる。

秋田県男鹿市北浦

すしはたはた

材料 [はたはた/はたはたの卵/米/米こうじ/にんじん/かぶ/ふのり/笹の葉/酢/塩]

すしはたはたは、もともと祝い料理とされているから、年取りの日と、元旦の祝い膳になくてはならないものである。また、冬の間の保存食としても重要な食べものである。大量にとれるはたはたを利用して、一ぴきずし、切りずしなど、それぞれ一斗ていどの桶に二、三本ずつ漬けこむ。

すしはたはたを漬ける桶は、杉の赤身の厚板を使い、深さは一尺から一尺三寸くらいと浅く、広口にして重石をのせやすく、押しがきくようになっている。地域の桶職人に、時期になるとたがを締め直してもらってから漬ける。

北浦では、酒屋が町内にあって、ここからよい一斗樽が分けてもらえるので、酒樽を利用したり、一斗枡《ます》が丈夫でよいと、これに漬ける家もある。

つくり方は、はたはたを四斗樽に七分目ほど入れて川辺に置き、赤つゆが出なくなるまで一日一回水をかえ、これを四、五日続ける。赤つゆが出なくなり、全体が白っぽくなったら、ざるに上げて水を切り、一昼夜、塩漬にする。

そのあと、大きいものは一ぴきを四つか五つに切って切りずしに、小さいのは一ぴきずしにする。切りずし用に切ったはたはた、一ぴきずし用のはたはた、それぞれを桶に入れて酢をふりかけ、一晩酢漬にし、翌日ざるに上げてよく水を切る。

ごはんを炊き、熱いうちにこうじ、薄切りのにんじんやかぶ、ちぎったぶりこ（はたはたの卵）、ふのり、塩を混ぜ、これに、切りずしは切ったはたはた、一ぴきずしは一ぴきのままのはたはたを、ぐるぐると混ぜておく。

桶の底に塩をさっとふりこみ、笹の葉を敷き、その上に混ぜてある材料を約一寸五分ほどの厚さにびっしり漬けこみ、その上にさらに笹の葉を敷いて、また材料を入れるというように、だんだんに漬けこんでいく。

最上段には厚めに笹の葉を重ねて敷き、厚手の落としぶたをするが、このとき、桶とふたのまわりにすきまができないように、わらで太さ一寸ちょっとぐらいの三つ編みのひも状のものをつくり、桶の内側のへりにそわせて回してからふたをし、できる限り重い重石をのせる。

汁は、二日目ころからだっぷり上がるが、食べはじめるまでそのまま重石をのせ、汁が上がった状態にしておく。一か月ほどたってなれたら、重石を半分くらいにする。

一ぴきずし、切りずしともに、とり出すときは、まず重石をとって別の容器に汁を移し、笹の葉ごと一段ずつとり出すとよい。後はまた、元のようにふたをし、重石をのせ、桶のへりから静かに汁をもどす。こうしておくと、最後まで味が変わらないで、おいしく食べられる。

笹の葉は大量に使うので、雪が降る前にとっておき、重ねたものを新聞紙にぐるぐると巻いてよく包み、息をつかせないように準備して蓄えておく。

すしがなれるまでに一か月以上かかり、味がよくなるのは一か月半ぐらいたったころであるから、正月中ごろから二月いっぱいが食べごろである。だから、年取りや正月のお膳のものは、まだほんとうの味ではない。だが、お祝いであるから、お膳につける分だけとり出す。

年取りの晩は、お皿に一ぴきずしをでんと置き、その腹のところにぼた（塩鮭）の切身を一切れ立てかける。これは見せ魚で、翌朝、元日の雑煮を食べるときに焼いて食べる。焼くと身の色が薄く桃色がかり、すぐ焼ける。いくらか酸味があって、生のものやふつうのこうじ漬などとひと味違ったよい味がする。一ぴきずしをそのまま食べるときは、切りずしのように切って食べる。

すしはたはは、煮て食べても独特の風味があっておいしい。

（話者　上野サダ／採録　長崎京子）

山形県飽海郡平田町砂越

飯ずし

材料［米／米こうじ／にんじん／大豆／数の子／塩］

正月の半月か二〇日前ごろからつくりはじめて、正月礼（親族間の年始回り）のごちそうにし、各戸の味を競ったり、こたつに入りながらひんやりとした舌ざわりを楽しむ。

米一升はふつうのごはんの固さに炊き、人肌に冷めたら一升のこうじを混ぜ、かめに入れる。いろりに火を焚くときはその周辺におき、ときどきかめを回し、夜はわらいずみ（わら飯詰）に入れて冷めないように気を配る。

また、すしこが（桶）でつくるときは、昼はいずみに入れておき、夜はみなが寝てからこたつ布団に包む。

一〇日から一五日くらいするとやわらかになるので、色よくゆでた青豆、塩出しした数の子やにんじんを細かくきざんだものなどを入れ、塩少々で味をととのえる。

（話者　東海林サヨ／採録　池田姚子）

福島県南会津郡南郷村鴇巣

はや、あゆのすし漬

材料［はや、あゆ／米／さんしょうの葉／笹の葉／塩］

春から秋にかけては、はや、あゆのような川魚がたくさんとれる。とりがけを塩焼き、煮魚にしても食べるが、冬の食べものとしてすし漬にしておく。

川魚のはらわたを出し、血が出なくなるまでよく洗い、水気を切っておく。ごはんを炊き、熱いうちに塩を混ぜる。塩加減はなめて決める。桶の底にごはんを敷き、魚を並べ、さんしょうの葉をのせ、その上にごはんを平らにおく。以上のことをくり返しながら漬けてゆく。漬け終えたら笹の葉を並べ、その上に押しぶた、重石をのせ、ごみの入らないように覆いをしておく。漬け汁が澄んでいたらよくできた証拠である。

食べはじめるのは年取りの晩からで、塩引きと、頭のあるすし漬を尾頭つきとして盛り合わせる。

（話者　酒井イクノ／採録　佐瀬元子）

1

川魚（はや）のすし漬をつくる

(1) 魚とさんしょうの葉を重ね
た上に、ごはんをおく。

(2) 最後に笹の葉を並べて重石
をする。

（栃木県河内郡上河内村上小倉）

くされずし

材料［あゆ、どじょう、雑魚、たなご、かじか／米／大根／さんしょうの葉／塩］

十月七日、八日は、羽黒山の梵天祭りが行なわれる。この例祭にはくされずしがつきものである。最初は鬼怒川からとれる魚の保存方法としてつくられていたものが、つくる時期が羽黒山の祭りと同じころであったため、いつしか祭りのごちそうとしてつくられるようになった。

くされずしをつくるのは、比較的鬼怒川に近く魚が手に入りやすい絹島村（現上河内村）上小倉地区を中心とした家々である。

くされずしに使う魚はあゆが多いが、すなさび（しまどじょう）やかじか、ざこ、たなごなどを使う家もある。

祭りには沿道でくされずしが売られるし、つくらない家には到来物があるが、これればかりは好ききらいがあって、だれでも好物だというわけではない。

一般に、くされずしをつくるのは男が多い。重い石を持ち運びするということもあるが、家を継ぐ男たちが家のくされずしの味を少しずつ覚え、「酒のさかなにこんなうまいもんはない」と、つくり方を覚えるためでもある。子どもに伝え

1
塩漬にしておいたあゆを水洗いする。

2
水洗いして糊気をとったごはんに、塩で味つけしたせん切り大根を混ぜる。

3
ごはんとあゆを交互に、すし桶に3、4層漬けこむ。

4
重石をのせ、風通しのよいところに5、6日置く。

るが、ほんとうの味がわかるのは大人になってからである。嫁に来たては、魚の塩漬のにおいをかいで腐った魚と思い、すててしまったという話を聞くほどである。

　あゆのくされずしは、あゆと米、大根を使い、まず、あゆの塩漬から仕込みがはじまる。あゆは土用前から漬けはじめ、秋の彼岸を目安に漬け終える。

　あゆのわたをとり、背開きにし、益子焼のかめにあゆ一升に塩五合の割合で漬けこむ。一番上にさんしょうの葉に塩をまぶしてのせ、中ぶたと重石をのせ、十月までおく。

　羽黒山の祭り一週間前になったら本漬けをする。すしを仕込む桶は楕円形で、杉でできているが、二日前から川に浮かせて水気を十分吸わせ、水もれしないようにする。

　あゆをかめから出して水洗いし、少し塩出しする。この漬け液を毎年使うと発酵がよくなるといって、しまっておく家もあるが、こうするとにおいが強くなる。大根は聖護院大根などやわらかいものを使い、一分か二分のせん切りにし、塩をからんで（からめて）しんなりさせ、軽く水気をしぼる。

　ごはんは、一桶に一升五合の米が必要で、愛国や藤早生などのねばり気のない米がよい。炊くときの水加減は、手をのせ、くるぶしまで浸るようにしてから茶わん一杯分をとって、固めのごはんにする。炊けたごはんは水で洗い、糊気をとってから水気を切る。洗いすぎると形がくずれてしまう。

　ごはんと大根を混ぜ、桶に仕込む。まず三分の一のごはんと大根を混ぜたものを桶に入れ、あゆを並べる。その上にごはんと大根を入れてあゆを並べる、というように、三段重ねにする。一番上にあゆを飾る。このときのあゆの入れ方、飾り方は、家々で工夫している。

　桶の中にすっぽり入る押しぶたをし、八貫から一〇貫の重石をのせ、日の当たらない納屋や家の軒下に置く。三日もすると水が上がってくる。水が上がってから二、三日おき、次に逆さぶつ。つまり、桶の中にすっぽり入る角木を台に置き、桶を逆さにしてのせ、桶の底に少し軽くした石をのせ、半日か一日置いて中の余分な水分を除く。これを逆さぶつといい、最後の仕あげになる。

　あげて（桶を表に返し、元にもどす）、皿盛りにして食べる。できてすぐに食べるのもいいが、酸味の出る二、三日後のほうがおいしい。食べて甘いときは、醤油をさっさっとかける。

　羽黒山の祭りの前日には仕あげ、客には煮しめや酒と一緒にごはんがわりにふるまう。みやげにするときは、わらをすぐった納豆つとをつくり、その中に入れて持たせる。

　男たちが仕込みをする家が多いが、女たちはごはんを炊いたり、大根切りなどをする。一回に二桶くらいつくるが、客の多い家では四桶はつくる。


（話者　中里リセ／採録　高橋久美子）

千葉県山武郡九十九里町藤下

まぶりずし

材料［背黒いわし／米／とうがらし／しょうが／酢／砂糖／塩］

じゃみ（背黒いわし）は生きのよいうちに頭、はらわたを除き、何回も水洗いしてきれいにする。塩をじゃみの一割から一割五分くらいふって一晩おき、よく水洗いしてざるに上げ、水気を切って、半日くらい酢に漬ける。

すし飯をつくる。じゃみ五〇〇匁（小さいすし桶に一桶の量）に、すし飯は米三合くらいでつくる。

すし桶に、じゃみの酢漬を並べ、その上にすし飯を二分くらいの厚さに広げ、小口切りのとうがらしと、せん切りのしょうがを散らす。さらに、じゃみとすし飯を交互に重ねて同様に漬けてゆく。最後に適当な重石をする。重石が軽いと腐ってしまうし、重すぎるとうまみが出てしまう。

すし飯がべったりしてきたら食べごろである。一〇日か半月くらいかかる。このころになると、じゃみの骨が口に当たらなくなり、子どもや老人でも好んで食べるほど、なんともいえないよい味になる。日常のおかずである。

（話者 小栗山よし／採録 篠崎恵子）

〈千葉県山武郡九十九里町藤下〉

くさりずし

材料［いわし、さば、あじ、さんま／米／ゆず／ゆずの葉、はらん／わら／しその実／しょうが／酢／砂糖／塩］

飯ずし、なれずしともいい、中羽いわしか、さば、あじ、さんまなどを使う。生きのよい魚を背開きにし、はらわたをとり、よく水洗いをする。魚五〇〇匁に塩一〇〇匁くらいふって一晩おき、水で洗って骨抜きをする。

米二合ですし飯をつくる。すし飯には、しその実、せん切りしょうがを入れてもよい。飯が冷めてから魚の腹に詰め、元の魚の姿にして、すし桶にすき間のないように並べ、しょうがのせん切りとゆずの皮のせん切り、いろどりのとうがらしの小口切りをふる。これをくり返して漬けこみ、一番上にゆずの葉またははらんを広げ、ごみが入らないように、わら二〇本くらいを三つ編みにしたものをまわりに詰め、押しぶたをし、重石をする。

半月から二〇日くらいで、魚の腹に詰めたすし飯の米粒の形がなくなり、べっとりとなって、おいしくなる。

くさりずしは保存食で、日常のおかずにもするが、ものの日（祝いの日）の前や正月料理には必ずつくって用意する。

（話者　小栗山よし／採録　篠崎恵子）

新潟県豊栄市《とよさか》新鼻

鮭の飯ずし

材料［鮭／鮭の卵／米／笹の葉／甘酒／ゆず、しょうが／塩］

塩俵から出した鮭を、薄くそぎ切りにする。中くらいの桶かどんぶりに笹の葉を敷いて、鮭の切り身を並べる。切り身の上に固めの甘酒を一さじずつのせる。またその上に、前もって塩をふってぱらぱらにしたゆうのこ（鮭の卵）を二、三粒ずつのせる。再び笹の葉を敷き、鮭、甘酒、ゆうのことくり返し重ねる。最後に笹の葉をのせて、軽い重石をしておく。塩のきつさが甘酒でゆるめられて、味がちょうどよくなってくる。高級なさかなとして喜ばれる。

ゆずやしょうがをきざんで上にのせると、風味も増しておいしい。これは早めに食べてしまうもので、少量しかつくらず、保存用にはしない。

（話者　小熊信一郎・小熊藤枝／採録　仲村キヌ・本間伸夫）

（富山県東砺波郡城端町・井波町）

さばずし

材料［さば／米／米こうじ／とうがらし／さんしょうの葉／酒／塩］

井波町瑞泉寺の太子伝会《たいしでんえ》、城端町善徳寺の虫干法会《むしぼしほうえ》でお斎《とき》（寺で出す食事）に供されるさばずしは、生のさばを塩やごはんで漬けこんだ、いわゆるなれずしである。なれずしは、古くから魚の保存法として発達したすしの原型で、県下の河川から季節的にとれるあゆや鮭も、昔からなれずしとして貯蔵されてきた。太子伝会、虫干法会で供されるのはさばずしであるが、両法会はあゆの漁獲期とも合っているので、本来はあゆのすしだったとも考えられる。

法会用のさばずしは、毎年六月はじめに四斗樽に一〇樽以上も漬けこむ。四斗樽一本分の材料と分量は、大さば約一〇〇ぴきの三枚おろし、塩一貫目ほど、飯米二貫目ほど、さんしょうの葉適量である。瑞泉寺ではこのほかに米こうじ一升六合と酒三升、とうがらしを用いている。

つくり方は、基本的にはさばの一並べに塩をして、飯（瑞泉寺ではこうじと酒を混ぜた飯、善徳寺では立塩にした飯）の層ではさんで密閉し、何層も重ねていく方法である。飯の

上にさんしょうの葉をびっしりと重ねて終わりとし、落としぶたに重石をのせて、漬物蔵などの温度変化の少ないところに置く。

このように仕込んでおくと、微生物（酵母菌）の働きで、ごはんは分解されてやわらかくなり、糖に変えられて甘くなってくる。そこへ今度は乳酸菌が働いて酸っぱくなる。甘酒をつくろうと思っていて、温度を上手に保てなくて酸っぱくなるのと同じである。

ごはん全体が酸っぱくなってくると、魚は酢につけたときと同じように身がしまり、色は白っぽく変わり、魚の味も酸味をおびてくる。このように酸っぱくなると、酸味の強いものは長く保存できるのと同じように、他の細菌をよせつけず、腐敗がおさえられ、魚は腐らなくなる。乳酸の酸味は食酢よりもまろやかで、魚の身も適度にしまって非常においしくなる。

（採録　塩原紘栄）

（石川県河北郡津幡《つばた》町潟端）

かぶらずし

材料［かぶ／ゆず／甘酒／にんじん／とうがらし／さば、ぶり、鮭／こんぶ／酢／塩］

かぶらは十二月に入るとぐっと大きくなる。これを収穫して、正月用のかぶらずしの準備にかかる。

厚さ一寸ぐらいの輪切りにしたかぶらを、一枚ごとにその厚さの中ほどを横に八分目まで切り目を入れ、塩漬にする。塩さばを薄くそぎ切りにして酢でしめし、塩漬けしたかぶらの切り目にはさむ。こうじとごはんを混ぜて甘酒をつくり、この中になんば（とうがらし）、せん切りか薄いいちょう切りにしたにんじん、ゆ（ゆず）を混ぜる。桶の底にこんぶを敷き、甘酒、かぶら、甘酒と交互に何段も重ねてゆき、最後は甘酒、こんぶをのせて落としぶたをする。重石をしてじっくり漬けこむと、二週間くらいで味がなじみ、おいしくなる。

魚は、さばのかわりにぶりや鮭でもよい。脂ののりきっているものを使うと、魚のうまみとかぶらのうまみが混じり合って、なんともいえないおいしい味になる。

（話者　池野鈴子／採録　乾瑠璃子・高柳茂子）

かぶらずしの本漬（左）とかぶら

石川県金沢市安江町

かぶらずし

材料［かぶ／ぶり／米こうじ／米／にんじん／こんぶ／塩］

かぶらを横に二つ切りにし、一切れごとに厚みの半分のところを八分どおり切り目を入れて塩漬にする。まず樽の底にかぶらの葉を一並べ敷き、塩をふる。二段、三段と重ね、全部漬けたら、上にも葉をのせて重石をし、約一週間おく。

ぶりは三枚におろして骨と皮をはずし、大きな切身にして、あら塩の中へ一週間塩漬けする。こうじ一枚につき二合半ほどのごはんを混ぜ、ぬるま湯二合あまりを加えてかき混ぜ、毛布に包んでこたつの横に冷めないように置く。一晩で甘くなる。これで準備がととのい、いよいよ本漬けである。

ぶりは水気をとり、そぎ切りにして、かぶらの切りこみにはさむ。にんじんは、型抜きで梅の花形に抜き、一分ほどの厚さに切る。樽に塩漬けしたかぶらの葉を、その上にこんぶを敷き、ぶりをはさんだかぶらをすき間なく一段並べる。かぶら一つに大さじに一杯のこうじと花形にんじん二つをのせる。二段目も同様にし、最後にこんぶをのせて、塩漬けした葉を一並べして押しぶたをする。一日目は重石をのせず、二日目からだんだん重くしてゆき、約一〇日で食べごろになる。

（話者　井奈艶子／採録　守田良子・加納弘子）

福井県小浜市田烏

若狭のなれずし

材料［さば、あじ、いわし、ふぐなどのへしこ／米／米こうじ／油桐の葉、はらん／わら］

なれずしは、若狭湾の中央部にある内外海半島から東のほうの獅子崎に至る沿岸の少なくとも一二の村では、晩秋から正月、春の祭りにかけて欠かせない食べものとして伝承され、漬けこまれている。

この地域のなれずしの特徴は、その村や個々の好み、しきたりなどで多少の違いはあっても、魚はたいていへしこを使うことである。阿納《あの》という村では、塩漬にしただけの魚で漬けている家もあるが、ほとんどがへしこを使っているといってよい。へしこは「圧しこむ」からきたものであろうという考え方もあるが、いわしをひしこ（なまず）ともいい、ぬか漬にしたところから、へしこに転訛したともいわれる。

へしこには、さば、あじ、いわし、ふぐなど、いろいろな魚を使う。とくにさばは三月から五月にかけての産卵前のものが最も味がよい。したがって、なれずしにもあじやいわし、ふぐなどのへしこを使うこともあるが、やはりさばのへしこを第一等とする。

さばのなれずしを漬けるには、まずさばのへしこをとり出

さばのへしこ（左）となれずし

してぬかを洗い落とし、一晩ぐらい水につけて気出し（塩気を抜く）をする。くみおきの水では不十分なので、流れている川水を使う。

へしこを気出しして準備がととのったら、白米の飯を炊き、冷めてから米こうじを混ぜ合わす。この割合は、さば五〇ぴきに対して白米二升五合を炊いた飯に、米こうじ三合五勺を混ぜるのを標準にする。

気出ししたさばの皮をむき、背開きしてあるさばの腹に飯と米こうじを詰めて合わせ、杉の木の四斗桶に一並べして、さらに飯、米こうじをふりかける。これをくり返して漬け終わると、最後に米こうじをやや多めにふっておく。一番上にころび（油桐）の葉や葉らんなどを敷き、押しぶたのまわりに三つ組の編みわらを置いて重石をのせる。重石は、はじめやや軽めのものをしておき、二、三日たってから一〇〜一五貫ぐらいのものにかえる。

なれずしの食べごろは、漬けてから秋は一〇日、冬は二〇日ぐらいである。もちろん気温の影響は大きいが、桶の表面にしらとり（醤油などの表面に浮くかび）の浮くころが最もうまいという。なれずしはそのまま食べてもよいが、焼いて食べるとまた違った味がする。

（話者　浜家幸一・浜家春子／採録　小林一男）

1

2

3

4

あゆずしのつくり方

(1) 秋に塩漬にしておいたあゆを、12月のはじめにとり出す。
(2) 流水で塩出ししたあゆの腹に、炊いたごはんを詰める。
(3) あゆを桶に詰め、重石をして水を張っておく。水の表面には青かびが浮いてくる。
(4) 一か月足らずで、おいしいあゆずしができる。

岐阜県岐阜市長良

あゆずし

材料［あゆ／米／竹の皮／塩］

あゆのなれずしのことである。元来はあゆの保存食として広く利用されたが、近代になってからは、正月の儀礼食として少量つくられるだけになった。利用する魚は雄の落ちあゆだけで、これは味とは関係なく、この時期の雌は商品価値が高いので売ってしまうからである。

九月末から十月、まずあゆの腹開きをする。肛門からえらぶた方向に包丁を入れ、はらわたはすべてとり出して、よく水洗いする。これは入念にしないとくさみが出る。

次にこれを塩漬にする。背と腹に塩をふり、桶かかめに順次詰めこんで層にしていく。とれた順に漬けこんでいき、四〇〇ぴきぐらいになるまで続ける。九月にとれたあゆは十二月まで三か月、十月にとれたあゆは二か月間漬けることになる。やがて、桶には上澄みの水分がうっすらとにじみ出てくる。

すし漬けは、十二月に入ると早々に行なう。朝のうちから準備にかかり、夕刻までの丸一日仕事となる。

鵜匠はまず塩漬けしたあゆをとり出し、一ぴき一ぴきうろこをはいでいく。ひとわたりはぎ終わると、塩出しをする。まず、竹かごにあゆを入れて近くの長良川まで持って行き、水に入ってざっと水洗いをする。そのあと家に持ち帰り、庭の水場（井戸端）で本格的な塩出しとなる。たらいに入れて流水（井戸水）にさらすのだが、塩の残りすぎも、出しすぎもいけない。年によって異なるが、三〇分から一時間近くまでさらし、試しにあゆをかんでみて、薄塩の鮭の味くらいになったところでとり出す。この塩出しの時機で味加減は大きくちがってくる。全くの勘に頼った作業である。

一方、ごっつぁん（鵜匠の奥さん）は米を炊きにかかる。米は新米に限るといい、わざわざ親類の農家に頼んで確実に新米を手に入れる。炊くのは女の人に限られており、一日中、何度も炊かなければならない。これは、ごはんが冷めると詰めにくくなるからで、作業の進みぐあいに合わせながら補充していくことになる。炊きあがったごはんのうち、一部は真水で洗って表面のぬめりをとる。これは「ふり飯」に使われる。ごはんには塩などの混ぜものはいっさい使用せず、あゆに残った塩分だけに頼っている。

塩出しのすんだあゆから順に、ごはんの詰めこみをしていく。炊きあがった温かいごはんをあゆの腹にたっぷり押しこむ。左手にあゆの腹を上にして持ち、右手でごはんをつかんで軽くにぎり、腹に入れて上から押さえる。にぎりずしの要領である。

ごはんを詰め終えると、このあゆを桶に並べていく。用意しておいたふり飯を底に敷き、あゆを横に並べていって、一段並べ終わると、上からふり飯をふる。ふたで軽く押してから二段、三段とこれを繰り返して詰めていく。大きい桶で五段、小さい桶で三段ぐらいである。

詰め終わると、湿らせた竹の皮を上からかぶせ、ふたをする。できあがった桶は納屋のすみに持っていき、重石をのせる。まず、ふたの上に材木の角切れをのせ、その上に川でとった丸石を置く。約一時間たつと重石がきいてきて、下のものが安定する。そのときを見計らって、真水を竹の皮の上にかける。水は桶の上面までいっぱい注ぎ、この日から毎日水が切れないように補充を続ける。水を使うのは、長良のあゆずしの特徴である。

およそ二五日目以後、食べられるようになる。重石のきいたあゆずしは、漬けたときの半分以下のところまで、かさが低くなっている。とり出す日は、その数時間前に桶を逆さにし、水をきる。これを「逆押し」といっている。水を落とし、桶のまわりの青かびをぬぐってから、ふたをあける。半年、一年と漬けるなれずしではなく、一か月ほどの「生なれ」なので、くさみもきつくなく、ごはんごと食べられる。

食べかたは自由で、細く切ったり、一ぴきそのままを酒のさかなにしたりする。

（話者　杉山市三郎／採録　伊東久之）

材料の身欠きにしんとせん切りした大根

岐阜県揖斐郡徳山村

にしん漬

材料［身欠きにしん／米／米こうじ／大根／塩］

にしんは水にふやかしておき、大根はせん切りで突いてから軽く塩もみする。用意したごはんにはこうじを混ぜ、桶の底には突いた大根を敷き、上ににしんを並べてから、このごはんを入れる。また、もとにもどって大根を置き、にしん、ごはんと重ねてゆき、一番上は大根とする。

にしんのほかには、塩ます（海産のますの塩漬）なども利用する。かってのにしん漬は、ごはんを加えなかったものといわれる。

（話者　小玉長八・小玉春子／採録　脇田雅彦）

あゆのなれずし（左）と、生のあゆ

三重県南牟婁郡紀和町平谷

あゆのなれずし

材料［あゆ／米／しだ／塩］

秋、北山川を下るあゆを利用してつくる。産卵期のあゆは身がしまっている。

あゆは背開きにしてわたをとり、濃いめに塩をふって桶に入れ、軽い石をのせ、一〇日から一四日ほどおく。それから骨を除いて、一五分くらい塩出しする。別にあゆ一ぴきに対して五勺、一〇ぴきあれば五合のごはんを炊いておき、冷めたらあゆの大きさににぎり、あゆをかぶせ、桶にすき間のないようにきっちり詰め、一段詰めたらしだを敷く。これをくり返し、二、三日おく。二、三日したら、桶にすしがかぶるくらいの水を入れ、軽い重石をのせ、五日から二〇日ほどそのままにしておく。

食べるときには、半日ほど桶をさかさまにして水切りをする。味が薄い場合は醤油をつけて食べる。あゆのほかに、さんまでつくることもある。

このすしは食べる日から逆算して漬けこまなければならない。

（話者　谷口じつゑ／採録　西村謙二）

2
3
4

（滋賀県近江八幡市沖島）

ふなずし

材料［ふな／米／竹の皮／わら／酒／塩］

本来のふなずし用の魚は、いお（子持ちのにごろぶな）である。おもに、四月ごろから漬けこむ。いおを使ったふなずしは高価であるため、売りものにしている家もある。

まず、魚のうろこをうろこひき（突起がいくつもつき出した鉄製の道具）でひく。先の曲がったはり（太い針金）かとがったはりで、えらからはらわた（内臓）や浮き袋をとり出す。このとき、にが玉（胆のう）をつぶすと子（卵）まで苦くなるので、つぶさないように注意する。魚の血で汚れているが、洗うと脂が流れてしまうので、洗わずにえらから塩をたっぷり入れる。しかし、ひどく押しこむと、子が下がるので注意する。魚のまわりにも塩をつけ、桶の中へ順々に魚の腹を上にし、六〇度くらいにねかせ、少しずつ重ねながら入れる。塩は多めに使わないと子がしまらず、くさくなり失敗するので、まっ白になるくらい入れる。

一日はそのままほうっておくと、水気が出てくる。二日目から、落としぶたをした上におもせ（重石）をかける。これを塩切りという。

ふなずしをつくる

(1) うろこひきでいおのうろこをとり、はらわたを抜く。
(2) (3) 塩をたっぷり使い、腹を上にして漬けこむ。
(4) 土用に本漬けしたふなずしは、12月ごろから食べられる。

夏の土用のころになれば漬けこみをする。塩切りした魚を桶からとり出し、たわしやささらできれいに洗う。洗いが足りないと漬けこみしたあと、くさくなるので、十分に洗うのがこつである。洗った魚は陰干しをし、水気をとる。

いお一貫目に対して米二升を固めに炊き、塩は、おにぎりにするときの塩加減よりからめに混ぜ合わせ、はんぼ（半切り桶）に広げて冷ましておく。

すし桶の底に、木目が見えないくらいに冷ましたごはんを敷きつめる。魚のえらからごはんを詰めこんで桶の中に入れるが、魚の腹がつぶれないように腹を上にし、六〇度くらいにねかせて重ならないように置いてゆく。魚と魚をくっつけると、骨がやわらかくならないので注意する。その上に、ごはんを魚が見えないくらい入れる。このとき、少し押さえるようにし、その上に同じようにして魚を並べる。手水としては塩水を使うが、酒を使う家もある。

こうして桶に八分目ほどになると、上から竹の皮をかぶせ、その上につだ（わらで三つ編みにした縄）を桶の周囲に沿って置き、落としぶたをしておもせをかける。

二日間たってから、漬けた桶に水を張り、水の管理をする。ごはんがわいてきたら（発酵したら）、もう一つおもせをのせて強くする。水にざみ（菌体群）が浮いてきたら水をとりかえる。水を全部とり出し、小鉢に一杯の濃い塩水をつくって入れる。塩水にするのは、虫などわかないように衛生面を考えてである。その年の気候にもよるが、一か月に一回の割合で水をとりかえる。塩水を使わず、湖の水を何回もくんできては、桶の中の汚れた水をとりかえる家もある。ただし水をとりかえすぎると、魚の骨がやわらかくならないし、水くさくなり、酸っぱくもなる。水の守りにより、味や香りに変化が起こるので大変である。

すし桶は、浜にある漬けもん小屋に置いておくが、ほこりやはえが入らないように、また桶に風や嵐が当たらないように、大きな渋紙をかぶせ、ひもでくくっておく。

十二月ごろから食べられる。ふなずしを出すときには、さかおもせといって、桶をさかさまにし、下におもせを置き、上におもせをのせ、水気がとれるまでそのままにしておく。このようにすると発酵がおそくなり、いつまでもごはんがやわらかくならず、酸っぱくもならずに、まろやかな風味のふなずしができる。

（話者　久田かめ／採録　田辺愛子）

滋賀県近江八幡市沖島

はいずし

材料［おいかわ／米／塩］

はい（おいかわ）は、三寸くらいのものを用いる。はらわたを背から割ってとり出すか、えらからとり出す。血の気をとるていどにさっと洗い、ふなずしと同じようにして多いめの塩に漬ける。塩切りは、長期間しておかないと菌が死なないといって、三か月以上一年くらい漬けている家もある。

ふなずしと違って、ごはんに漬けこんでから早く食べてしまわなければいけない。一回から二回分を小さい桶にこまめに漬けるので、塩切りしたはいを、欲しい分だけ少量とり出す。魚は一ぴきずつきれいに洗い、ごはんと塩をおにぎりくらいの塩加減に混ぜ、桶に漬けこんでいく。

背を割って漬けているはいは、一〇日から半月で食べることができる。また、姿のままのはいは、一か月くらいが食べごろになる。しかし、二か月以上おいておくと酸っぱくなるので、残れば人にあげたりして桶をあけてしまう。

家によってもさまざまであるが、秋からあくる年の寒の間にとれたはいを塩切りしておいて、五月の祭りや元服、嫁入りなど、人よびのときには計画的に漬ける。

（話者　久田かめ／採録　田辺愛子）

滋賀県近江八幡市沖島

がんぞずし

材料［にごろぶな、ふな／米／塩］

がんぞずしもはいずしと同じようにして漬ける。がんぞ（いおやふなの小さいもの）はやはり三寸くらいで、十一月末から三月までのとくに寒のころの脂がのったものを使う。

がんぞずしも、ごはんに漬けこんでから早く食べてしまわなければいけない。一回から二回分を小さい桶にこまめに漬けるので、塩切りしたがんぞを、欲しい分だけ少量とり出す。魚は一ぴきずつきれいに洗い、ごはんと塩をおにぎりくらいの塩加減に混ぜ、桶に漬けこんでいく。

本漬けしてから、背割りしたものは一か月、姿のままのものは二か月くらいで食べられる。

がんぞずしも、おめでたいとき、晴れ食として、食べる日からさかのぼって漬ける。食べやすいように一口くらいに小さく切って出したりもする。

（話者　久田かめ／採録　田辺愛子）

滋賀県東浅井郡びわ町下八木

ふなずし

材料［ふな／米／はらん／わら／塩］

ふな（子持ちのにごろぶな）三貫目に塩三升、白飯五、六升とする。ふなは、三月から四月ごろとれたものを使う。まずうろこをとり、中のはごはご（はらわた）もきれいにとる。塩を一にぎりあごた（あご）の中に入れ、桶に並べて重石をする。この塩漬けを塩切りという。

六、七月ごろ、塩切りしたふなをたわしでこすってきれいに洗い、一晩ざるに頭を下にして水を切る。白飯を炊き、にぎり飯よりちょっと塩からいくらいの塩を混ぜ、よく冷まして、ふなのえらのところから腹に詰める。

桶の底にごはんを敷き、ふな、ごはん、ふなと段々に一列ずつすき間なく詰めて、最後にごはんをたくさんのせて押さえる（これを本漬けという）。

その上にばらん（葉らん）の葉をのせて、三つ編みにしたわらを桶の内まわりに沿って置き、木のふたをして二日ほど重石をおく（このとき重石は重いほどよい）。三つ編みのわらは、桶とふたのすきまを埋めるためのものである。また、塩を入れた湯冷ましをふたの上から入れて、色がわるくなっ

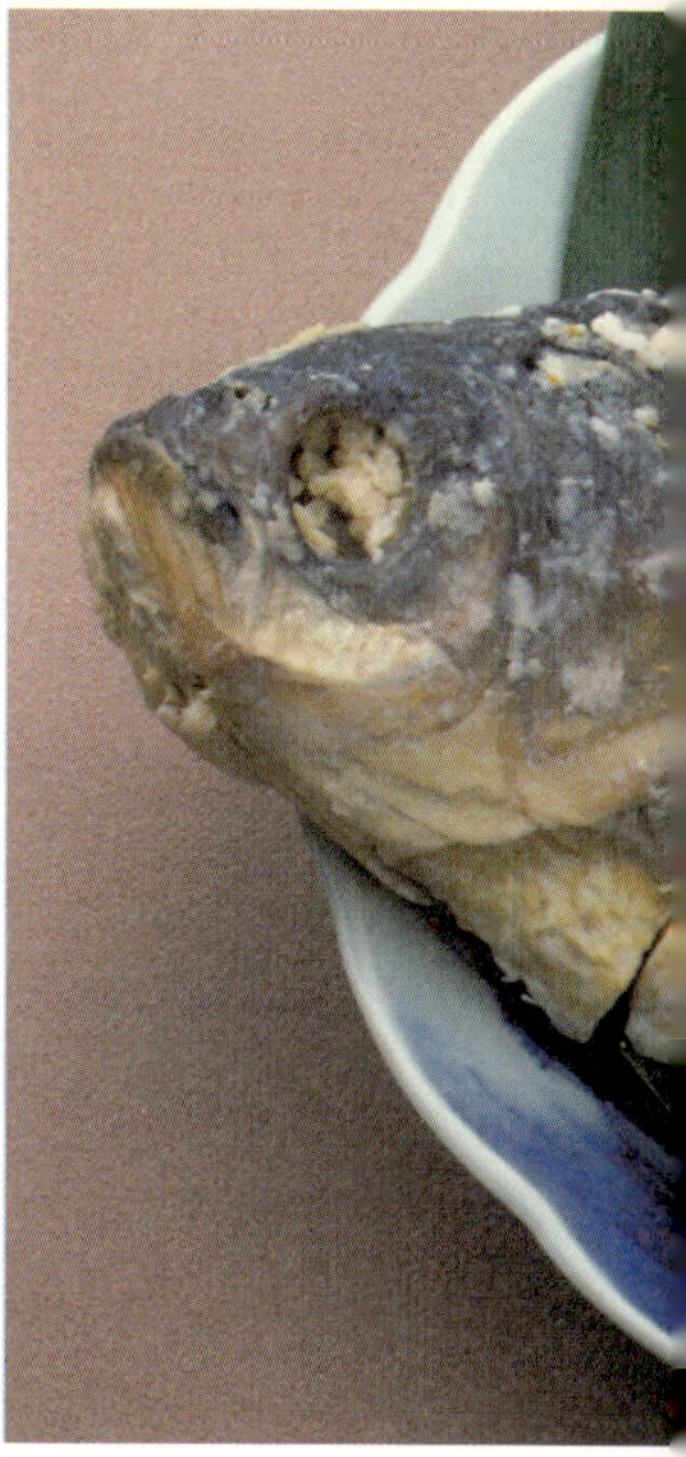

たり虫がわかないように張っておく。このように水の管理には気をつかう。
軒下や漬けもん小屋に保存するが、重石がころがらないでだんだん沈んでいくように、竹を桶のまわりに三本立て、縄で桶にくくりつけておく。
正月の来客用に封を切る。だいたい六、七月ごろまでに食べてしまうが、漬け直して二、三年ものを食べると骨までやわらかくておいしい。おめでたには大皿に盛りつけるため、その年の入用を考えて、大きなふなをわざわざ漬ける家もある。夏の疲労回復や腹下しにもよい。
食べ方は、そのまま薄く切って食べたり、お茶漬にしたり、湯を入れて吸いものにしたりする。湯を入れると固い頭の骨もやわらかくなり、全部残さず食べられる。ふなずし好きは、あの独特のにおいがたまらない。酒好きの男たちはいう。「酒のさかなにはふなずしが最高や」。

（話者　弓削ササエ／採録　鶴鵜由美子）

ふなずし

（滋賀県伊香郡余呉《よご》町上丹生）

材料［ふな／米／塩／わら］

三月ころ、おなかいっぱいに子（卵）を持ったふながとれると、ふなずしにする。

最初ふなのうろこをきれいにとり、次に内臓をとる。おなかを割ると子が出てしまうので、えらのところから抜きとる。これをきれいに洗って水切りする。

次に塩漬けするには、全体に塩をまぶし、えらのところからおなかの中にも塩を入れる。桶に順に並べ、またふり塩をして漬けて重石をしておく。こうして、八月の土用のころまでおく。

本漬けは、塩漬けしたふなをきれいに水洗いして塩を落とし、いったん、ふなを天日で乾かす。ごはんはふつうより固めに炊き、塩を混ぜておく。桶にごはんを敷き、ふなを並べ、またごはんをおいていく。これをくり返し、いっぱいになったら、ごはんでふなが見えないように覆い、桶のまわりにわら縄を回し、落としぶたをして重石をのせる。二日くらいあとで、ふたをとって塩水を入れる。

こうしておくと、お正月ころには食べられるようになる。

薄く切って酒のさかなにしたり、ごはんのおかずにする。骨までやわらかく食べられるので、頭までお吸いものにして食べる。

（話者　二宮ヤス／採録　平塚久子）

兵庫県龍野市神岡町横内

さばのなれずし

材料［塩漬けさば／米／はらん／紅しょうが／酢／塩］

秋が深まると椥《なぎ》八幡神社の祭りがやってくる。祭りの四日か五日くらい前になると、網干《あぼし》の魚屋が例年どおり、開いて塩漬けしたさばを持ってくる。

なれずしづくりに準備するものは、すしさば（なれずし用のさば）、すし飯、すし桶、はらん、重石にするくり石である。

まず最初にすしさばの塩抜きをしなくてはならない。保存がきくようにすしさばはとても塩からくしてある。別の桶にすしさばを並べ、水をたっぷりはる。塩はなかなか抜けないので、魚屋が持ってきたらすぐはじめる。たびたび水をかえてころよいていどまでに塩抜きをする。祭りの日の二日か三日前までにしてしまう。塩が抜けたら水気をしっかりとって、さっと酢をかけておく。

この間にすし桶をきれいに洗って、日陰干しにしておく。また、はらんをすし桶の中の寸法に合わせて裁断して、洗って干しておく。

さばのなれずしをつくる

次にすし飯を炊く。すし飯も祭りの二日か三日前には炊きあげておく。米がやや固めに炊きあがるよう、水加減は少なめにしかける。十分に蒸らしてからはんぼう（飯びつ）にとり、ごはんが熱いうちに酢と塩を合わせておく。

すし飯が十分冷めてから、紡錘形ににぎる。米一合で二本くらいの割合で、固めににぎる。にぎったものの上にさばをのせて飯を包む。すし桶の底板にはらんを敷きつめて、さばずしを並べてその上にはらんをのせ、中板をのせてまたさばずしを並べ、これを繰り返す。最後にふたを置き、重石をのせて、二、三日おく。

一週間くらいはもち、日がたつにしたがってさばのうまみが増し、ごはんもなれてきておいしくなる。とり出したら五切れか六切れくらいにして皿に盛り、きざんだ紅しょうがをのせる。

（話者　田口とみゑ／採録　藤原君子）

さばのなれずし

和歌山県御坊市

なれずし

材料［さば／米／はらん、竹の葉／しゅろの葉／かんなの葉／しょうが／塩］

十月になると和歌山県の日高地方の平野は黄金色に変わり、祭りが近づく。なれずしは秋祭りの主役で、稲の色が濃くなるにつれ、なれずしづくりがはじまる。八月ころ、いつも魚を持ってくる魚屋さんに、なれずし用のさばを頼んでおく。このころになると、どこの家でもさばを買うので値が高くなる。大きいとろ箱で魚が届けられると、いよいよなれずしづくりである。

秋晴れの天気のよい朝、魚のはら（はらわた）を出し、開いて背骨と腹骨をとり、半日水につけて血抜きをする。途中一度水をかえる。血抜きをしないと生ぐさくて食べられない。昼ごはんをすませてから大きい竹かごにさばをとり、夜まで水切りする。夕食の後、水気の切れたさばの塩漬けをする。

塩漬け用の桶は一年間片づけてあったので、桶にすきまができている。さばを切る四、五日前からよく洗って水につけておくと、すきまがなくなる。それから桶全体に熱湯をかけてよく乾かす。さば全体に塩をまぶし、腹には塩を抱かすくらい入れて合わせ、桶にすきまなく並べる。さらに上に重ねて五段積み、木のふたをして重石をのせ、一か月間塩漬けする。このときの塩が薄いと腐ってしまう。下ごしらえは女でもするが、漬けこみはすきまなく詰めるため男がする。

一か月たったら、さばの塩抜きをする。さばを出して桶に入れ、水をいっぱい入れて二、三回水をかえて一日つける。

女はばらんの葉をとって来てきれいに洗い、かごに入れて乾かす。あせ（暖竹）は葉が細いので大きいさばだと何枚も使うことになるので、さばの数の多いときは幅の広いばらんがよい。

なれずしをつける日は、朝七時ころから古米ですし飯を炊く。魚はざるに上げて水を切っておく。ごはんが炊きあがったら半切りに入れ、台所の風通しのよいところで自然に冷ます。昼ごろになると冷やこくなる。塩を全体にぱらぱらとふる。よく混ぜて食べてみて、「ちょっと塩加減があるな」と思うくらいがちょうどよい。

さばのなれずしを押す仕掛け

まず、ごはんを一升くらいのだんごに固めておいて、その中から一・五合くらいとる。さばの頭を左に置き、すし飯をさばの形に固く細長くにぎって魚の上に置き、頭から尾の先までごはんを抱かせる。

古米はねばりがあり固くにぎれるので、なれずしは古米を使う。

できたなれずしはばらんできっちり巻き、しゅうろ（しゅろ）の葉をさいてつくったひもでくくる。桶の底にくまたか（カンナ）の葉を敷き、すきまなくさばずしを並べ、上にくまたかの葉を敷いて、さらにさばずしを並べる。小さいさばで八本、大きいさばで六本並ぶ。五段くらい重ねてふたをし、納屋の柱に仕かけた切りこみに板をさしこみ、板の一方には重石を下げて、この力を利用して二つの桶に押しをする。

翌日水が上がってくる。五日間そのままおくとなれてきて、なれずし特有のにおいが納屋にこもる。

夜宮になると、主人がなれずしのふたをあける。なれずしはばらんをとって五、六分に切る。甘酢に漬けてさっと紅色のさした新しょうがを薄く切って添えていただく。よくつかって甘みの出たなれずしと、ぴりっとして口の中でかりかり音のするしょうがはよく合う。

（話者　大野ヲミツ／採録　石橋充子）

あゆのなれずしつくり

鳥取県八頭郡智頭《ちず》町山根

あゆのなれずし

材料［あゆ／米／米こうじ／塩］

あゆは頭をつけたまま背割りにして、二割以上の塩で漬け、しっかり重石をかけて漬けておいたものを使う。十一月下旬か十二月に入ると、なれずしの準備にかかる。

あゆは水につけて塩出しをしておく。米一升で炊いたごはんに米こうじ一升準備する。ごはんが人肌ぐらいに冷めたら、米こうじと合わせてすし飯ぐらいの塩加減にする。これが秘訣である。

あゆの腹に、このごはんをはさみこみ、あゆとあゆの間にもごはんをはさみながら桶に漬けこんでいき、しっかり重石をかける。途中、上がってきた水を二、三回はすてる。

正月ごろから出して、食べやすい大きさに包丁を入れ、姿のまま皿に盛って出す。「お日待ち」（神祭りの日）には、神主さんにあゆのなれずしを出してもてなすしきたりである。

（話者 綾木貞子／採録 船橋睦子）

鳥取県八頭郡智頭町山根

しいらずし

材料〔塩しいら／米／米こうじ〕

十二月のはじめには大じいらの塩ものを買い入れる。この塩じいらは、「食い塩」といって強い塩がしてあるので、一晩水にかして、ややからめくらいまで塩を抜く。大ぶりに切り、ごはん一升、米こうじ一升の割で混ぜたものと交互に重ねながら桶に漬けこみ、しっかり重石をかける。上がってきた水は、二、三回はすてる。

正月や冬場のごちそうに、大切れのしいらずしを刺身のようにはやして（薄切りにして）、皿に盛りつけ食べる。焼いて食べることもある。

塩じいらの塩がこうじの甘みと適度に入れかわったときが食べごろである。二か月目ぐらいがちょうどよい。

（話者　綾木貞子／採録　舩橋睦子）

解説　奥村彪生

すしは日本人にとってご馳走である。冠婚葬祭の人寄せのためにつくられてきたすしは多い。そのつくり方は、長い年月をかけるものから即席に握って食べるものまでさまざまである。

明治以前までは北海道のアイヌや琉球（沖縄）の食文化圏には、すし文化はなかった。北海道は明治以後、沖縄は近年になってからすしの文化が入った。そこで筆者は日本のさまざまなすしを歴史的・文化的視野で解説を試みた。

一、すし人気の秘密

回転ずしは世界を巡る

二〇〇二年八月、赤道直下の世界一の金持ちの国ブルネイへ行った。スーパーマーケットの広いすしコーナーには、まったく日本と変わらないにぎりや細巻き、太巻きが並んでいた。そのすしを握り、巻く女性は現地の人。試しに何パックか買って食べてみると酢飯はぱさぱさ気味で、味は甘く、まるでお茶受けのごとくであった（もともとはそうなのだが）。現地には回転ずし屋もあり、その経営者はタイ人だと聞いた。

帰りはシンガポール経由であったが、待機時間に空港ロビーを散策した。その一角に回転ずし屋があり、カウンターは外国の人で満席であった。今や回転ずしは即席麺とともに日本発の名物的食べものになっている。アメリカを筆頭にイギリスやフランス、あるいは東南アジアや中国、韓国で回転ずしがもてはやされ、一種のブームを起こしている。イタリアで食べたものは魚貝のカルパッチョとリゾットが合体した美しいすしであった。

なぜ回転ずしは人気なのか

回転ずしの人気の秘密は、くるくると回るコンベアに乗ってにぎりずしがやってくることに面白さがあり、安くておいしいことがあげられる。そして魚貝と米、あるいは野菜と米の組合せがヘルシーだという思いが、肉や油脂を多くとる欧米人に広がったことが人気の原因でもある。さらに安全に処理された生の魚貝のおいしさを知ったことも欠かせない理由である。なによりもフィンガー・フーズであることが彼らにとってうれしいのである。

日本の子どもたちも大好きな回転ずしの主役を演じるにぎりずしは、江戸後期、文政年間に江戸で発明された即席ずしで、屋台で買って帰るか、その場で食べるファスト・フーズであった。

多くの日本人は、すしは日本特有の食べものと思っている。しかし、すしのルーツを探ると東南アジアの山岳部（どこと決めるのはむずかしいが）で、淡水魚の漬物、保存食としてつくられた。日本へは中国を経由しておそらくは稲作とともに伝えられた（受容）。日本で長い年月をかけ、改良（変容）され、シンプルでおいしいにぎりずしへと昇華（進化）したのである。

二、本来のすしの歴史と系統

すしの原形はなれずし

すしの最も古い形は、本書ではその後半に列挙した「なれずし」である。日本では別名「くされずし」ともいうが、けっして腐敗しているのではない。魚に塩をしてごはんとともに壷や桶に漬け、ごはんの乳酸発酵を待ち、酸味をつけて保存性を高めるとともに、骨まで柔らかくするのである。

筆者は一九九五年夏、ラオスのビエンチャンで大なまずのなれずしを食べたことがある。その料理はなれずしをにぎりずしのネタのごとく切り、ういろうの生地にのせ、芦の葉で巻いて蒸してあった。

東南アジアや中国（雲南や広西）で今もなれずしをつくるのは、山岳系の少数民族である。

貢納品としてのすし

すしは鮓と書くのが正しい。この文字は奈良時代の『大宝律令』（七〇一年）の賦役令の中にでてくる。平城京跡から出土した木簡にも鮓と書かれている。奈良・平安時代のなれずしは、たい、さけ、かつお、いわし、あわび、ほや、いがいのほか、ふな、あゆ、あめのうお、そしていのししや鹿の肉まで漬けられている。この獣肉のなれずしは、ボルネオのイバン族も漬けるから別に珍しいことではない。

もともとなれずしは淡水産の魚を用いたのであるが、日本において海水産の魚や貝類を用いるようになった。

なれずしの二つの系統

なれずしは最古のすしであることはおわかりいただいたと思う。そのなれずしには二つの系統がある。ひとつは日本海側から北海道（もともとこの地にはなく明治以降に普及）にかけてつくられる「いおずし」、なまっての「いずし」の系統である。米飯以外に糀《こうじ》が伴うすしである。北から述べると北海道浜中町の「ますの飯ずし」（塩ますの腹を抜いて切り身にし、にんじんや大根と漬ける。身欠きにしんを用いる地域もある）や、青森県の「ほっけのすし」と「鮭の飯ずし」（これは北海道や新潟にもある）。岩手県の「かどのすし漬」。これは、秋田県寄りの湯田町や沢内村にもあり、日本海産の身欠きにしんを使ったすし漬である。秋田県では、ぶりこ（真子）をもった「はたはたの一匹ずし」がある。山形県の「飯ずし」は数の子とともに青大豆を加えた珍しいすしである（以上、本書190～201ページに収録）。

このいずしは粥状に近く、糀以外に新酒を加える土地もある。漬床は粥状になるために「粥ずし」とも呼ぶ。新潟県の「鮭の飯ずし」（209ページ）は甘酒を使う。米飯と糀を合わせれば甘酒になるが、早く漬けあげて食べるために甘酒を使うようになったのであろう。

富山県ではさばを使う。福井県小浜市では、さばやあじ、いわし、ふぐなどの「へしこ」（塩辛く糠漬けした魚

ふるさとのすしの系譜

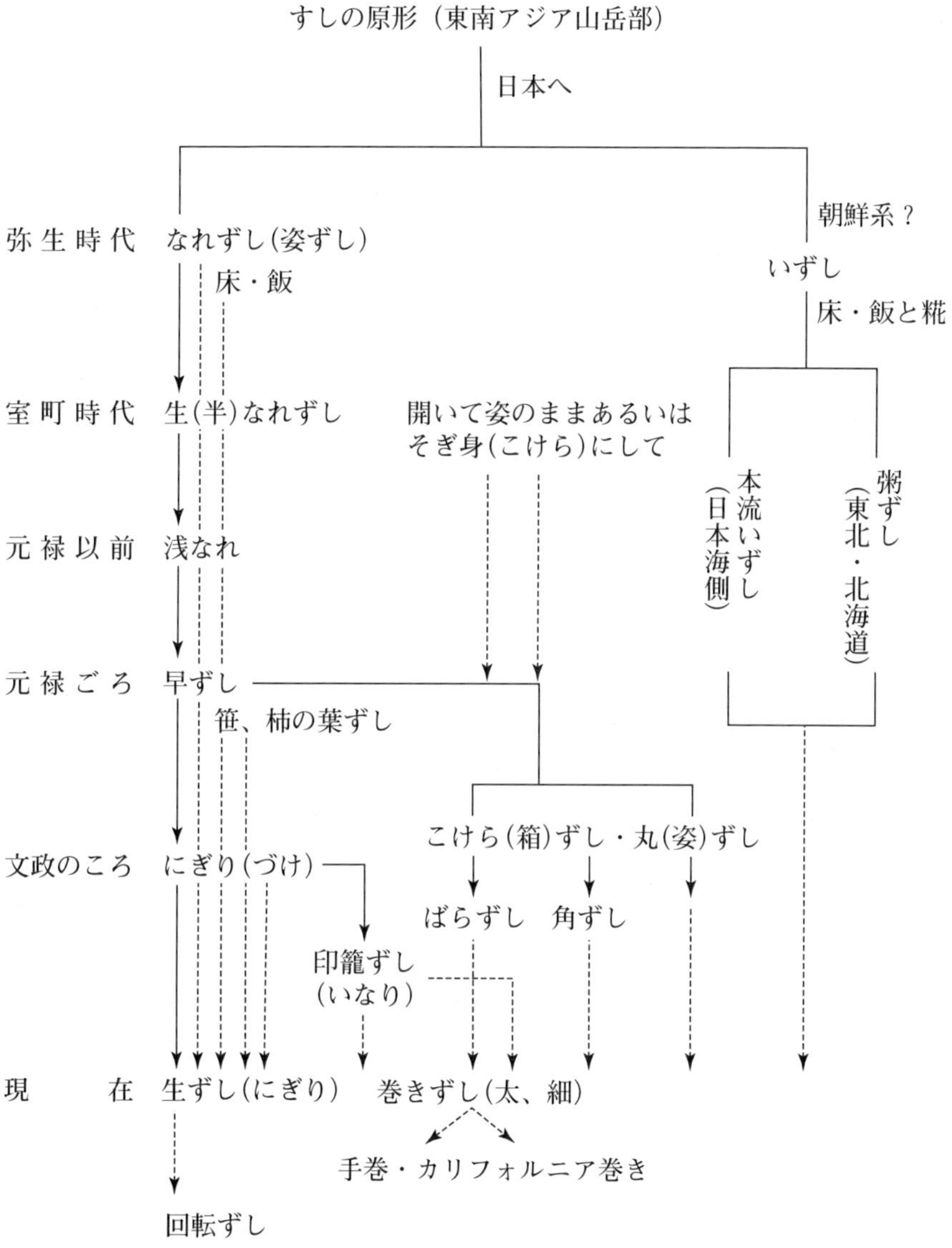

古い形のものから新しいものまでそろっている不思議なすし文化。

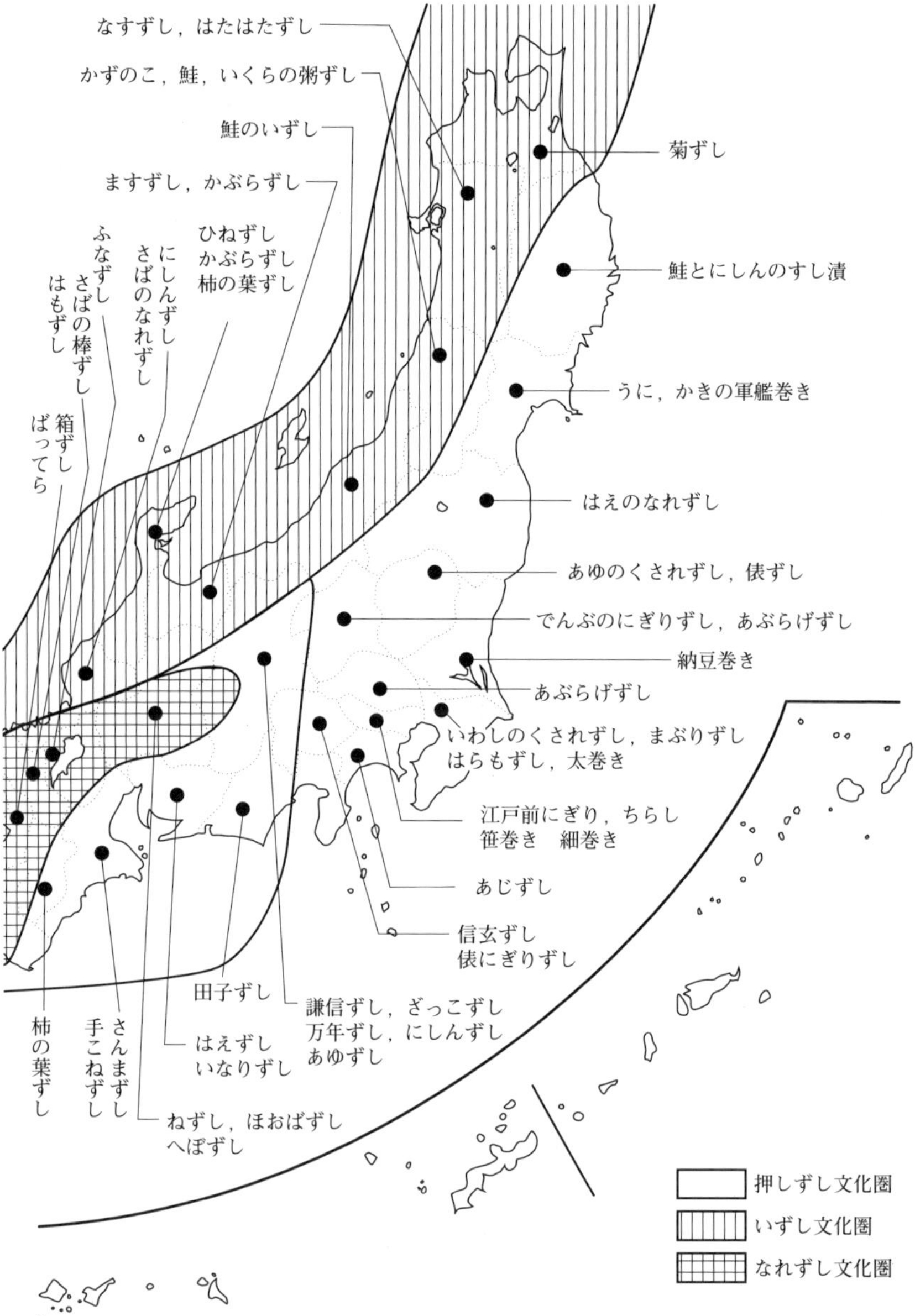
なすずし，はたはたずし
かずのこ，鮭，いくらの粥ずし
鮭のいずし
ますずし，かぶらずし
ふなずし
さばの棒ずし
はもずし
にしんずし
さばのなれずし
ひねずし
かぶらずし
柿の葉ずし
箱ずし
ばってら
菊ずし
鮭とにしんのすし漬
うに，かきの軍艦巻き
はえのなれずし
あゆのくされずし，俵ずし
でんぶのにぎりずし，あぶらげずし
納豆巻き
あぶらげずし
いわしのくされずし，まぶりずし
はらもずし，太巻き
江戸前にぎり，ちらし
笹巻き　細巻き
あじずし
信玄ずし
俵にぎりずし
田子ずし
謙信ずし，ざっこずし
万年ずし，にしんずし
あゆずし
はえずし
いなりずし
柿の葉ずし
さんまずし
手こねずし
ねずし，ほおばずし
へぼずし
押しずし文化圏
いずし文化圏
なれずし文化圏

ふるさとのすし・都道府県別マップ（作図　奥村彪生）

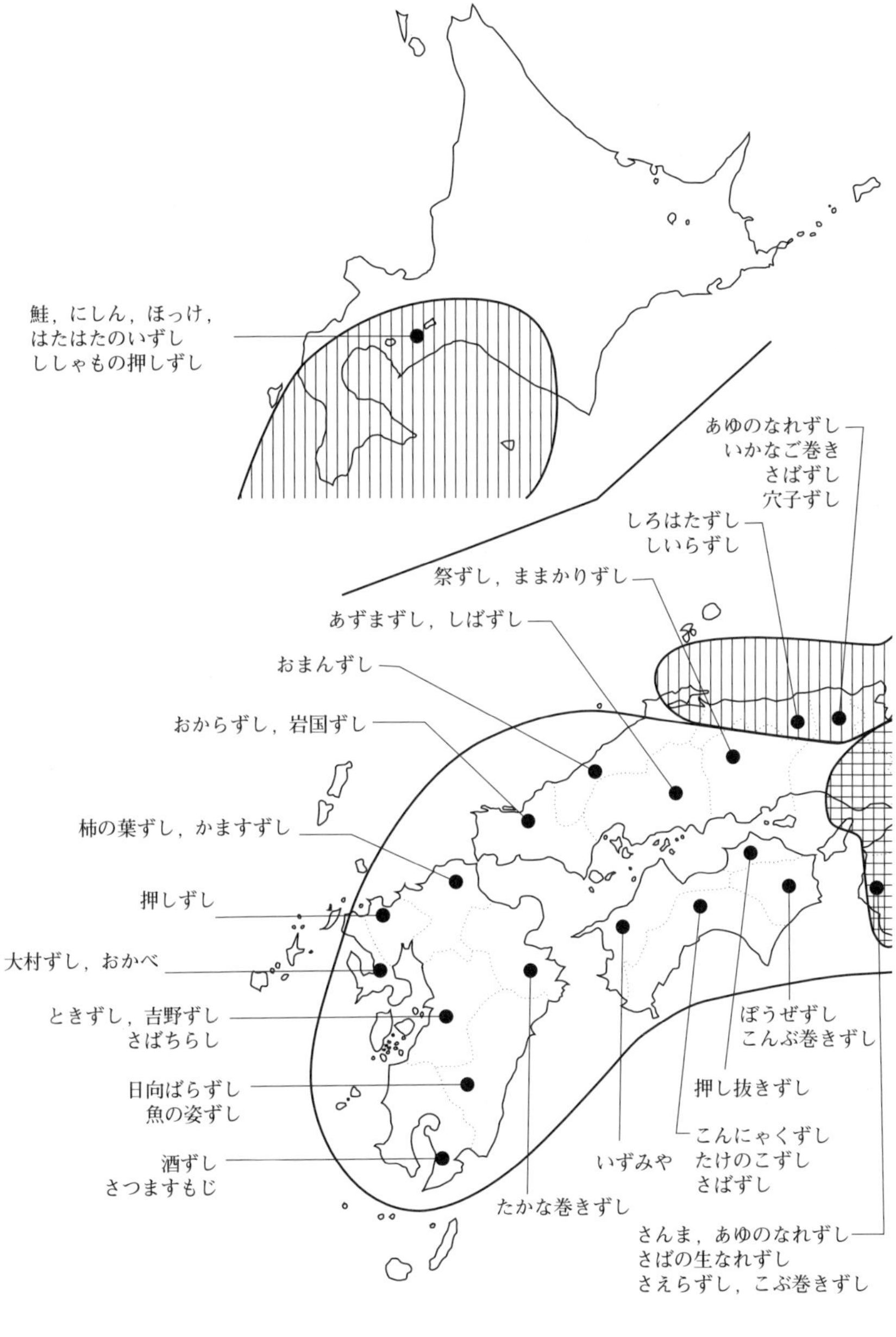
鮭，にしん，ほっけ，
はたはたのいずし
ししゃもの押しずし
あゆのなれずし
いかなご巻き
さばずし
穴子ずし
しろはたずし
しいらずし
祭ずし，ままかりずし
あずまずし，しばずし
おまんずし
おからずし，岩国ずし
柿の葉ずし，かますずし
押しずし
大村ずし，おかべ
ときずし，吉野ずし
さばちらし
日向ばらずし
魚の姿ずし
酒ずし
さつますもじ
たかな巻きずし
いずみや
ぼうぜずし
こんぶ巻きずし
押し抜きずし
こんにゃくずし
たけのこずし
さばずし
さんま，あゆのなれずし
さばの生なれずし
さえらずし，こぶ巻きずし

の漬物）を塩抜きして用いる。近年は酢飯とともに押す家が多くなった。

日本海側の「いずし」で有名なのは石川県の「かぶらずし」（212、213ページ）。これは正月用に漬ける。かぶらには白と緑の二種類あるが、家々によって好みがある。この塩漬けしたかぶらに塩ぶりの切り身をサンドイッチのごとくはさみ、床に漬ける。塩ぶりの代用に塩さばを使う家が多くなった。

この「かぶらずし」の仲間に飛騨高山の大根ずしがある。富山湾で獲れた寒ぶりに塩をあて、昔は馬で飛騨高山まで運び、そこで飛騨ぶりと名を変え、笛吹峠、野麦峠を越えて信州へ運ばれた。

この飛騨ぶりの切り身と大根やにんじんの細切りでいずしをつくる。昔、ぶりを買えない家は鮭やます、これらを買えない家はさば。これすらも買えない家は塩するめ。するめも買えない家は油揚げであったという話を高山で聞いたことがある。

鳥取県ではあゆやしいらを使う（232、233ページ）。

このようにいずしは日本海側の食文化であるが、なぜか瀬戸内の因島にある。おそらく人の移動でこの地に根づいたのであろう。人とともに食文化も動く一例である。

この糀を併用するなれずしは、韓国のトルムクと呼ぶハタハタの仲間である小魚の食醢（シッケ）とよく似ている。粟飯や米飯に麦芽やしょうが、にんにく、粗びきの甘口とうがらしを混ぜて塩漬けしたトルムクを漬ける。

麦芽や糀を加えるのは、寒季、飯だけでは発酵がすすみにくいため、促進をはかって加えるのである。日本海側の「いずし」は朝鮮半島の影響を受けて発達したものと思われる。

別の系統は米飯の発酵だけで仕上げる「なれずし」である。

滋賀県琵琶湖湖畔の家々で漬ける「ふなずし」がグルメ雑誌によく登場するので有名になっている。産卵前に獲った抱卵したふなを塩漬けにしてから米飯に漬ける。小ぶなで三ヶ月、大ぶなで一年かかる。床を毎年変えて三年、五年と漬け込んだものが珍重される。食べやすくしたのが「甘露漬」。これは、みりんを絞ったあとの粕に漬けなおし、味をマイルドにするとともにふな特有の発酵臭をやわらげたものである。これ以外に酒粕に漬けなおしたものもある。いってみればこれはふなの奈良漬である。

この「ふなずし」はいずしと違って漬け床を取り除いて骨ごとスライスして食べる。酒肴にするか、お茶漬けにすると何杯もお代りしたくなる。

そうそう、私が国際交流基金からの派遣でヨーロッパ五ヶ国、ドイツ、スイス、オランダ、イタリア、フランスへ日本の食事文化の紹介のために訪れたとき、ふなずしを持って行った。これをスライスし、トーストしたカナッペにのせて会場にこられた方に食してもらった。いずれもチーズ好きの国民、口をそろえて「フィッシュ・チーズ！」と叫ぶのであった。よく冷やした白ワインともフィットした。スモークをかけるとスモーク・サーモンよりおいしいのだが、いまだに登場しないのはなぜなのだろう。「いぶりがっこ」のごとき、いいネーミングが必要なのかもしれない。

なれずしの素材はふなだけではない。奈良・平安のころ、最も多く漬けられたのはあゆ。平安時代の雅楽の管楽器である笙の名人・公卿三条中納言朝成は大柄で、しかも肥満であった。減食のために医師から水かけ飯をすすめられた。その菜《さい》にあゆのなれずしと干しうりがついた。これがすこぶるおいしかったので、朝成は何杯もおかわりをした。これを見た医者は痩せるどころか逆に太るとあきれ返り、さじをなげてしまう（『今昔物語』）。あゆずしは、あゆがとれるところならどこでもつくっていたようで、今日では福島県会津地方、栃木県、岐阜県、和歌山、三重両県の熊野地方などに残る。

私が生まれた和歌山県・南紀の山間地では、はい（おいかわ）でも漬けた。子どものころ秋祭に宮大工の棟梁をしていたおやじの弟子が山奥の村から持参し、ご馳走にあずかった。

淡水魚のなれずしは、他にどじょうやなまずがあり、うなぎも「丸ずし」と呼ばれ、漬けられていた。変わったものではあまごの荒巻ずしがある。戦国時代の公卿の日記に記されている。あまごのなれずしを粗むしろで包み、縄でくるくると巻き締めたものである。石川県能登地方の「ぶりの縄巻」の形に似たものである。現在の鮭の荒巻はビニールで包むので、新方式ということで「新巻」と書く。

海魚ではいわし。青森県、千葉県でよくみかける。千葉県はすし処和歌山県から移住した人が伝えたのであろう。珍なるものは青森県津軽半島東部地方の「やりいかのすし（なれずし）」（197ページ）。ゆでて皮をむき、胴に塩味をつけた飯を詰める。足もいっしょに押し込んで漬ける。これは田植えどきのご馳走である。薬味と色どりに使うとうがらしの輪切りとせん切りのにんじんの色のコントラストは妙味を生み出す。

生（半）なれずし

なれずしの傍系である。なれずしの飯はあくまでも漬け床で、食べるものではないが、このすしは、飯も食べる自然発酵食品である。この系統のすしは室町時代からある。漬ける期間は短く、飯は五日くらいで、ほんのり酸っぱく発酵する。

私は和歌山県北部の湯浅町でご馳走になった。昔のトイレの匂いがするほど臭いと聞き及んでいたが、それは紀ノ川筋の生なれで、なかなかどうして乳酸飲料のようなさわやかな香りと味が楽しめた。紀ノ川筋の生なれずしは匂いが強く、飯を詰めたさばをあせ（芦）の葉で巻くが、湯浅ではくまたか（かんな）の葉で包んで、しゅろの葉で縛っていた。熊野ではさんまやあゆでもつくる。和歌山県熊野川町では、年に一回なれずしの品評会があり、腕自慢の方々が出品し、会場に参集した一般の方百名くらいが試食して投票し、一位、二位と順位を決める。私もその場に偶然とびこみ審査員にさせられたことがある。それぞれ味と香りが異なっていた。均一でないところが自然発酵のよさ。つくった人の体臭を感じる味こそふるさとの味なのだ。順位を決める必要はないと思った次第である。悲しいことにふるさとの料理までテレビの悪影響を受けている。

三、早ずしの特徴と地域性

早ずし

すしはもともと自然発酵による保存食。早いもので一カ月、長く待てば三年、五年とかかる。人間という動物は待つ楽しみを知らないらしく、早く食いたい思いがつのり、なれずしから生なれへと進化した。なれずしは酸味は強く、飯はつぶれてしまっているから床は食べない。五日から一カ月のあいだ発酵する生なれは酸味は少なく、飯も元のまま。飯の味は炊きたてより味や触感は多少老化するとはいえ、そのまま食べられる。このことにより、すしはいよいよ飯が主役へと立場が変わっていく。

発酵をさらに促進させるために酒と塩で味をつける方法が生まれる。私の実験では夏で四日、冬でも一週間もすれば酒は酢酸菌のため酸っぱくなる。そこから米酢を加えればもっと早く食べられると思いついた人がいたのであろう。江戸中期に出版された『合類日用料理指南抄』（一六八九年）には「早ずし」のつくり方が書かれている。

それによると「酒一升（一・八リットル）に塩三合入れて煮立て、酢一合を加える。飯を冷やしてこの酒塩で食い塩（ちょうどよい塩加減）より辛めに合わす」（奥村訳）とあり、ふな（たぶん、背開きして）に塩をあて、二時間くらいおいてから洗い、飯を詰めて重石をすると二日で食べられるというのだ（これはふなの雀ずし）。

それでも待てない人が江戸っ子に多かったらしく、「まだ食えねえのかョッ」なんて言ったご仁がいたのだろう。「それじゃ、いっそのこと酢をたくさんぶちこめばいいじゃねえか」といったかどうか知らないが、徳川綱吉の御典医になった松本善甫なる人物が酢と塩だけで味つけするすし飯に改良した。元禄六年（一六九三）のことだった。現在のすし酢は塩以外に砂糖が加わっている。砂糖は酢飯の老化を防ぐ。

丸ずし

姿ずしともいう。背開きにした魚（あゆは腹開き）に塩をあて、塩をよくなじませて洗う。酢に漬けてから水分をよくとり、頭から尾っぽまで酢飯をしっかり詰め、笹やバラン（葉蘭）を敷いた箱に並べ、押しぶたをして重石をする。魚の大小にもよるが、一時間くらいで魚と酢飯の味がなじむ。さばだと一日おくほうがおいしい。

さばを使った丸ずしは、切って食べるのは当たり前だが、高知では宴会で残った頭の部位は、翌日、酢飯ごと焼いて食べる（164〜165ページ）。このさばの丸ずしを奈良県橿原市の今井町では、昭和の初めまではわら縄でくるくると巻き絞めたと聞いたが、今はない。

さばずしでも京都や大阪では片身で押し、「棒ずし」と呼ぶ。棒ずしの仲間に、はもの照り焼きを使った「はもずし」がある。これは京都の祇園祭や大阪の天神祭に欠かせないご馳走である。

しめさばだけでなく、あゆやさんまを使う土地もある。あまごやうおぜ（いぼだい、「しお」ともいう、徳島県）、あじ（大分県南、徳島県）、いわし（大分県）、かます（南紀、福岡県）など、丸ずしの材料にも地域差が見られる。

さんまの姿ずしといえば、南紀や熊野地方では柑橘類の搾り汁を木酢《きず》と称して酢の代わりに使う。それはそれはフルーティーなお味に仕上がる。

友人たちとスリランカへ紅茶の勉強に行ったことがある。その折、漁港の村にあるスリランカ人の別荘で、私が腕を振るって料理を何品かつくった。生きのよいきはだまぐろを手に入れた友人たちは、まぐろ料理よりにぎりずしが食べたいといった。米酢はなかったが、ライムの果汁で酢飯をつくり、おろししょうがを薬味にして握った。米はインディカゆえ少々ぱさぱさしていたが、味は好評で、スリランカの友人たちも喜んで食べてくれた。

押しずし

日本のすしづくりの基本は、重石をのせたり手で強く押すことである。そのことによって味がなれる。「にぎりずし」だって指で押している。いわば一口サイズの即席の押しずしなのだ。

酢飯に味つけした具を混ぜる「ばらずし」でさえ江戸時代には押しぶたをし、重石をして味をならしたのである。これを木杓子で起こして食べたから「起こしずし」という。

日本のふるさとのすしで多いのは「箱ずし」である。本書では岐阜、静岡、兵庫などの例がそれぞれ地域色ゆたかに登場している。酢飯を木箱に入れ、味つけした具をのせて押すすしが多い。それを包丁で切って盛りつけるために「切りずし」とも呼ぶ。岐阜県御嵩町では「押しずし」（39ページ）と称しているが、これもこの箱ずしの部類だろう。

また「こけらずし」ともいう。こけらとは、栗やひのきをうすく割った板のこと。かつてはこれで屋根をふいた。その板のごとく魚貝や野菜を薄く切り、酢飯の上に貼りつけて押したすしが「こけらずし」である。本書では和歌山、鳥取、岡山などに出てくるが、それぞれバリエーションがあっておもしろい。

大箱、小箱に入れて押すすしは、東北や関東ではあまり見かけない。新潟県糸魚川から静岡県御前崎を結ぶライン、ちょうどフォッサ・マグナから以西で多く見かける。押しずしにも一重のものから五段、八段と葉っぱ（芭蕉や笹の葉）で仕切りながら重ねるものまである。

一重で五色の具を飾って美しいのは静岡県御殿場市の箱ずし（44ページ）。また、岐阜県の押しずしも美しく、あさりや川魚の佃煮を使う（39ページ）。愛知県でもこの手のものが見られる（48ページ）。名古屋近郊がまだ水田地帯だったころ、小ぶなやもろこがたくさんとれ、それを甘辛く煮て具とした。高級感があり、じつにうまいのは山梨県の「煮貝ずし」。駿河湾でとれたあわびを甘辛く煮てこけらに切って主役にし、卵黄のおぼろ、桃色に染めたでんぶ、ゆでたみつばを美的に配している。海のない国らしからぬあか抜けした押しずしである。

全国的に知られているのは、長崎の大村ずし。長崎空港で土産で買えるからだ。五段、六段重ねでは長野県の「謙信ずし」。もともとは笹の葉に酢飯をのせ、山菜の煮しめや味噌漬け大根、桜えび、紅しょうがなどをトッピングして包んだものである。はちのこの佃煮を用いることもあり、これは香ばしくて甘く、この地方ならではの味わいである。

この重ねの押しずしは、正方形に切るところが多く、そのために「角ずし」と呼ぶ。なかでも山口県岩国のそれは、長崎の大村ずし同様、全国に知られている（132、174ページ）。

この角ずしの中で、酢飯に切干し大根やごぼうを甘辛く煮たあんを詰め、小さく正方形に押し出す「あんこずし」（山口県錦町）は全国でも珍しい形態である（134ページ）。この小型の角ずしの変形に松や梅、扇型で押し出す「押し抜きずし」は和歌山県南紀や徳島県、広島県、島根県、福岡県など西日本に見られ、いずれもこけらずしの系統である。

印籠ずし

代表格はなんといってもいなりずし。信田《しのだ》ずしともいう。起源は天保のころの名古屋。甘辛く煮た油揚げに酢飯を詰める。全国的につくられるが、関東は俵形、関西は三角形の山形と地域差はある。

変わり物は高知のこんにゃくやはちくに酢飯を詰めた「田舎ずし」。いずれも甘辛く煮て酢飯を詰める。素朴な味を伝える逸品といえる。印籠型ではないが、こんにゃくの押しずしは江戸末期からある。つるんとした触感が妙。

包みずし

木の葉や笹の葉などで包んで保存性と美的付加価値を高めたすしである。最も古いのは東京のすし屋「笹巻けぬき寿司」の笹巻きずしで、元禄のころからの営業である。だが、これは一般家庭ではつくられないから、ふるさとの料理とはいいがたい。

ふるさと料理の包みずしといえば、奈良県吉野地方で文化年間以前からつくられている夏祭り用の「柿の葉ずし」である（79ページ）。一口サイズに握った酢飯に酢じめにした塩さばのそぎ身をのせ、渋柿の葉の表を中にして包む。これを専用の木箱に何段も重ね、押しぶたをし、重石をして味をならす。吉野郡黒滝村では青ほお葉で包む。同様の柿の葉ずしは福岡県にもあるが、ここでは鶏やごぼうを甘辛く煮たものとしいらの酢漬けのこけらをのせて包む（170ページ）。飯塚地方ではこのしろを包む。同名のすしは鳥取県にもあるが、ここでは塩ますを用い、柿の葉の上にのせるだけである。飛騨地方にも青ほお葉で包んだ塩ますのすしはあるが、酢飯に具を混ぜこみ、葉を二つに折って両端をわらで結んであった。食べるとき、女の子らは「ほおのとうになれ、ほおのとうになれ」と唱えたという。早く大人になって嫁に行きたいとの思いを込めたそうな。

包みずしの変形に奈良県吉野地方や三重、和歌山の熊野地方に高菜《たかな》の古漬けを使った「たかなずし」がある。本来は酢飯でなく普通の白い飯に刻んだ茎やかつおぶし混ぜ葉で包むのが、本来の形である。（106ページ）。私が子供のころ食べたのはそうであった。単に高菜めし、あるいは「めはりめし」と呼んでいた。そのほうが高菜の酸味が和らいでおいしく食べられる。それよりおもしろいのは、那智勝浦町の「めのにぎり」である。あんとくめと呼ぶ海藻を酢を少し加えただしで煮て麦入りの酢飯を包むのである（107ページ）。

巻きずし

全国的につくられる。かつては小学校の運動会を家族で観る日の弁当の主役はのり巻きずしだった。江戸後期に出版された『鮓飯秘伝抄』（一八〇二年）にすでに登場している。鯛やあわび、しいたけ、みつばを巻いている。

浅草のりの普及とともに全国的に広がった。筆者は子どものころ、岩のりを掻いてすき、かるくあぶって使った。出雲の十六島《うっぷるい》は岩のりの代表的産地であり、ここでは岩のりで巻く。わかめを用いて巻く地方もある。

具はたいてい甘辛く煮たかんぴょうやしいたけ。関西では高野豆腐を煮て用いる。焼あなごや厚焼（カステラ）卵、卵焼きなどを加える家もある。赤く染めた魚のでんぶを使っていろどりに気を配る人もいる。

国際交流基金からドイツのケルンへ二度目に派遣されたとき、紹介したのは巻きずしであった。具は先に述べたようにかんぴょう、しいたけ、高野豆腐。そしていろどりににんじんとほうれんそう。会場に集まった市民三百名にふるまった。ヘルシーでおいしいと好評であった。栄養過剰時代の現代に、まさにふさわしい巻きずしである。家庭であまり作らなくなったのは、具を煮ることがめんどうになったからだろう。

「田舎巻き」の具はたくあんや味噌漬けごぼう。神戸市須磨の人たちはいかなごのくぎ煮とたくあんをだきあわせて巻く。

変わった巻きずしでは吉野や紀州中辺路、熊野地方の「湯葉ずし」（82、96ページ）。私のふるさとでは西吉野の名賀生《あのう》でつくられていた赤・黄・青（緑）の三色湯葉を使っていた。春日湯葉と呼んでいた。特別においしいものではないが、冠婚葬祭のハレの色として欠かせない巻きずしであった。

高知県や徳島県、南紀・熊野で法事や喜びごとに欠かせないのが「こぶ巻きずし」（58、166ページなど）。大きな白板こぶ（とろろやおぼろこぶを削ったあとの中心部）を薄味で煮て用いる。千葉県には色模様あでやかなさまざまな太巻きずしがあり、味よりその切り口の絵模様を楽しむ（19ページ）。

にぎりずし

このすしは文政七〜八年ごろ江戸で生まれたファスト・フーズである。それ以前からあった笹巻きすしや柿の葉ずしの着物をぬいだのがにぎり。下味をつけたネタを酢飯にのせて握る早ずしである。八軒長屋に住んだ熊さんや八つぁんといった職人を相手に屋台で売られた。したがって家庭でつくって食べるものではない。

しかし、ふるさと料理として、おめでたいときのもてなしのためにつくる地方がある。ネタは一品か二品。あじやたかべをづけ（醤油やみりんを合わせたものに漬けること）にしてにぎりずしにするのは東京都大島（21ページ）。神奈川県小田原ではあじやぶり、いわしの生ネタ（22ページ）を握る。精進のにぎりずしは神奈川県足柄上郡（27ページ）。いわしやあまごを握る土地もある。これらは切りずしや巻きずし、ばらずしより格が上とされている。生魚を使うからだ。

このにぎりずしの系統の中で酢飯の代用におから（うのはな）を用いるのは瀬戸内。米があまりできない土地であることが共通している（162ページ）。徳島の「いづみや」と呼ぶ、いぼだいを使ったうのはなずしは名高い。いわしでつくる土地が多い。

ばらずし

五目ずし、混ぜずし、ちらしずしなどともいう。最もポピュラーで全国の家庭でことある人寄せの場合に限らず、日常的にもよくつくられる。雛祭によく作られているのは黄・緑・赤とその配色が春らしいからである。中に混ぜたりトッピングする具は、歴史的背景や地域の産物によって、全国さまざま。まさに地場の味。

特異なのは岡山の祭りずし。具はぜいたく（116ページ）。伊勢・志摩のかつおの手こねすしは、下味をつけたかつおの切り身をさんしょうや青じそとともに手でこねる。酢を使わないで甘口の地酒を使うのは薩摩の酒ずし。もとは四、五日おいて発酵させたものと思わせる昔の面影を残したすしである。

ドイツやスイス、オランダ、イタリア、フランスなどでばらずしをジャパニーズ・ライス・サラダといったら大好評だった。鶏肉やマッシュルーム、にんじん、コーンなど甘辛く煮て混ぜた。

このばらすしほど家々で個性のある味が出せるものはない。まさに「わが家の味」である。また、その家で暮らしている家族を結びつけている食べものでもあった。その理由《わけ》は、母と子の共同作業であったからだ。すし用のやや固めのごはんを炊き、釜から半切り桶にそのごはんを移す。すし酢をごはんが熱いうちにかけ、母は木杓子でごはんを切り、混ぜる。子どもがうちわを持ってあおぎ、ごはんのつやだしを手伝う。酢飯の熱いうちに具をふりかけ再び切り混ぜる。

そのときも子どもはうちわであおぐ。混ぜ終わったら半切り桶のふちについた具や酢飯をぬれぶきんで落として、ふきんを熱い混ぜずしにかけて冷ます。母のしぐさを見ながら、どうすればおいしいばらずしができるかを子どもは習得していく。これこそ母の味の伝承である。

食べるときには再びばらずしを木杓子ですくって起こして切り、酢飯をほぐして器に盛る。そこには材料や調味料の味以外につくった人の味も加わる。それは手加減、味加減の技。

漫画「サザエさん」にもばらずしをつくるシーンが描かれている。母（フネ）が酢飯を合わせる。サザエさんがうちわであおぐ。その背をカツオが、カツオの背をワカメが坐ってあおいでいる。なかなかユーモラスなシーンである。

これで家族の絆がつながる。食べることは身体的な機能だけではない。食べる喜び。そのことで心身は癒される。そして共同作業をすることによってコミュニケーションがとれる。そのことの大切さを今忘れてはいまいか。たかが「ばらずし」、されど「ばらずし」。名はばらばらだが中身は結ばれ、酢飯、具、人の味が一体になっている。これこそ金を出しても味わえない味。ふるさと料理は、そんなよさをもっている。

四、日本ですしが改良・進化を遂げた理由

すしのルーツといわれる東南アジアの山岳部では現在も昔のままの漬け方であるのに、日本ではその形を残し

ながら改良をし、シンプルな今のすしに育ててきた。その原因はいったい何だろう。農業でいえば品種改良。要するに日本人は改良好き、変化を求めるという点が一つ。油脂やスパイスを使って複雑な味にするより、シンプルを好む民族であることが二点目。それは白木造りの伊勢神宮の建築物ならびに日本庭園の〝引き算の芸術文化〟に通じる味覚嗜好である。そして安全で清らかな水でおいしい米が栽培されてきたこと。その米を床だけに使用することがもったいないという始末（倹約）の精神が働いたことが三点目。この水の清らかさが魚の生食文化を高めた。これがにぎりずしへとつながる。読者の方々も承知だと思うが、日本人はせっかち。そのせっかちさが、酢をぶちこむ酢飯をつくりあげたことが四点目。

最後に学者も農政関係者も農家の方々もあまり気づいていないことだが、日本の米のよさである。日本で栽培されている多くの米は揚子江流域をルーツとする温帯ジャポニカである。この米は冷めてもおいしいという特徴をもっている。そのことが冷やめしを食べる習慣を生んだ。しかも握れる。この特徴がすし文化の発展・進化に大きく寄与している。しかもこの米は日本の気候風土にマッチしている。気候風土（自然環境）が育てた食文化といえる。

日本人がたえず変化を求めるのは、四季の明瞭な変化にならされているからである。そして米好きな国民であることが重要なポイントである。

すしのルーツである東南アジアの山岳部では、すしのつくり方が昔のままであるのは、栽培されている稲が陸稲のインディカ種であり、かつこの米はこの山岳部の風土に適するからである。産物は風土に支配され、料理は産物に支配される好例である。

（おくむら　あやお・伝承料理研究家）

材料別索引

凡例

1．この索引は，本書に掲載した料理の材料を〔穀類〕〔豆類〕〔野菜・山菜〕〔きのこ〕〔魚貝類〕〔海藻〕〔肉・乳・卵・昆虫〕〔果物〕〔木の実・種実〕〔調味料〕〔副材料〕〔食べない材料〕に分類し，分類ごとに50音順に配列したものである。
2．動植物の材料名は標準和名で表記した。
3．かまぼこ，凍み豆腐などの加工品は，かまぼこは魚貝類に，凍み豆腐は豆類にというように，その加工品の主原料に分類した。
4．〔調味料〕には，酒，酒粕，たまり，こうじ，番茶等を含めた。
5．本書では，下記の材料は通常ほとんどのすしに使われる材料なので，索引に収録しなかった。
〔穀類〕のうち，米（うるち米）
〔調味料〕のうち，砂糖，塩，醤油，酢

■穀類

■豆類

■野菜・山菜

■きのこ

■魚貝類

■海藻

■肉・乳・卵・昆虫

■果物

■木の実・種実

■調味料

■副材料

■食べない材料

つくり方・かたち別

索引

【なれずし】

採録・執筆者（50音順）

相澤喬子
秋田忠俊
朝倉美佐
浅野友子
足立蓉子
雨宮長昭
五十嵐智子
池田姚子
石橋充子
伊藤壽子
伊東久之
伊藤　徳
稲村節子
乾　瑠璃子
井上寿子
伊吹澄江
今枝満子
今田節子
岩崎安己江
上村元子
宇田秋子
内田啓子
梅地秀美
枝野早苗
遠藤花枝
大河内滋子
大坪藤代
大野悠子
大村真美
岡　千代子
小笠原智恵子
小川久子
小熊　健
小沢道子
小野淳子
於保文子
柏木和子
加藤雅子
加納弘子
北村純江
清末雅子
倉　ぬい子
黒川陽子
兒玉昌子
後藤伸子
小林一男
小林千枝子
小藤政子
古牧弥生
鷹田道子
坂口サチヱ
櫻井博子
鶉鵜由美子
佐瀬元子
塩原紘栄
篠崎恵子
渋谷歌子
清水隆久
杉山文子
鈴木しげ子
鈴木竹子
関田和子
高下須磨子
高橋榮治
高橋久美子
高橋静子
高橋みちよ
高柳茂子
立石　一
田中孝子
田辺愛子
谷　友代
谷本留美
玉井満喜子
太郎良裕子
俵田秀子
鶴岡　昭
藤　真基子
東條昭子
時得捷子
時得孝良
豊永京子
中池節子
長崎京子
中島康雄
中田鈴子
仲村キヌ
中山　進
柳楽紀美子
西村謙二
野村一恵
橋本マサヨ
林田勝子
原田シゲミ
原野千代子
日比野光敏
平川林木
平塚久子
福島和子
藤塚由紀子
藤原君子
舩橋睦子
古川慶次
古田久子
細井花子
堀口よね子
本間明子
本間伸夫
蒔田和子
松岡洋子
松崎淳子
松田喜代子
真弓多喜代
丸本聰子
丸山恵子
三谷末子
港　美子
宮岡明弘
村岡多津
村上ウメ子
村上貞子
村手登美子
森　弘子
森　真由美
森沢史子
守田良子
山上ユリ子
山腰エミ子
山崎妙子
大和千鶴子
山根郁子
山本惠津子
山本清子
山本弐子
山本直子
吉田恵子
吉田美智代
脇田雅彦

編集　(社) 農山漁村文化協会

解説　奥村彪生（おくむら　あやお）

1937年和歌山県生まれ。伝承料理研究家。
奈良女子大学非常勤講師，国立民族学博物館共同研究員。
著書多数。

聞き書　ふるさとの家庭料理
1 すし なれずし

2002年12月25日　第1刷発行

編 者　(社)農山漁村文化協会

発 行 所　社団法人　農 山 漁 村 文 化 協 会
郵便番号　107-8668　東京都港区赤坂7丁目6−1
電話　03(3585)1141(営業)　03(3585)1145(編集)
FAX　03(3589)1387　振替　00120-3-144478
URL http://www.ruralnet.or.jp/

ISBN4-540-02178-8　制作／(株)新制作社
〈検印廃止〉　印刷・製本／凸版印刷(株)

Printed in Japan　定価はカバーに表示